SEKUNDARSTUFE I+II

Dr. Michael Stierstorfer

Lernzirkel Lateinische Sagen

Klasse 10 – 13

Cornelsen

Der Autor

Dr. Michael Stierstorfer ist Fachleiter und Lehrkraft für Latein und Deutsch am Gymnasium Schäftlarn bei München. Er promovierte zur Antike in der Jugendliteratur an der Universität Regensburg und arbeitet aktuell mit dem Lehrstuhl für klassische Sprachen von Prof. Markus Janka an der LMU München bei internationalen Projekten und Lehrerfortbildungen zur Antikenrezeption im Latein- und Deutschunterricht zusammen.

Projektleitung: Dorothee Weylandt, Berlin
Redaktion: Louisa Pabst-Orzechowski, Glienicke
Umschlagkonzeption/Gestaltung: Corinna Babylon/Jule Kienecker, Berlin
Umschlagabbildungen: Apollo: Shutterstock.com/Olena Voronetska; Julius Caesar: Shutterstock.com/Natata
Medusa: Shutterstock.com/Ksu Ganz; Hintergrund Marmor: Shutterstock.com/Winning7799
Layout/technische Umsetzung: fotosatz griesheim GmbH

www.cornelsen.de

1. Auflage 2021

Druck: H. Heenemann, Berlin

ISBN 978-3-589-16774-6

PEFC zertifiziert
Dieses Produkt stammt aus nachhaltig bewirtschafteten Wäldern und kontrollierten Quellen.
www.pefc.de

Inhaltsverzeichnis

Einleitende Hinweise zur Bearbeitung des Lernzirkels

für die Lehrkraft

Ovids *Metamorphosen* nehmen seit jeher u. a. aufgrund ihrer vielschichtigen Rezeption in der Kunst, Musik und Literatur eine prominente Stellung im Lateinunterricht ein. Der vorliegende Lernzirkel versucht, die Wirkungsmacht von Ovids *carmen perpetuum* zu würdigen, und fokussiert dabei folgende lehrplankonforme Ziele, die mithilfe von Ovids Werk im Lateinunterricht erfolgreich zu verwirklichen sind. In diesem Kontext ist die Kompetenz des Übersetzens mit dem Auswerten von zentralen Rezeptionsdokumenten verknüpft. Es handelt sich dabei um Werke aus der Jugendliteratur, die einen motivierenden Einfluss auf den Einsatz der Schülerinnen und Schüler haben dürften, da sie inhaltlich und sprachlich eng mit ihrer Lebenswelt verknüpft sind.

Folgende Kompetenzen und Aufgabenfelder lassen sich in einer *Metamorphosen*-Sequenz am Beispiel eines Lernzirkels umsetzen, bei dem sich die Schülerinnen und Schüler in eigenem Tempo und durch eigene Interessen geleitet in Wortschatz und Grammatik einarbeiten, um sodann übersetzen, interpretieren und mit einem Rezeptionsdokument vergleichend arbeiten zu können:

1. intensive Beschäftigung mit Rezeptionsdokumenten zur Förderung des ästhetischen Empfindens und des Urteilsvermögens
2. zielgenaues Auswerten von Rezeptionsdokumenten
3. Kennenlernen von wichtigen Mythen und mythologischen Gestalten der griechisch-römischen Antike
4. Kennenlernen von Tradierungs- und Rezeptionsprozessen literarischer Stoffe und Motive bis in die Gegenwartskultur
5. Erschließung eines spielerisch-ironischen Umgangs mit Mythen, der sowohl bei Ovid als auch in Rezeptionsdokumenten der Gegenwart der vorherrschende Duktus ist
6. Kennenlernen verschiedener Welt- und Menschenbilder bei Ovid als wesentlicher Bestandteil der europäischen Kulturgeschichte, die über alle Epochen bis in die Postmoderne tradiert werden
7. Erweiterung des autorenspezifischen Wortschatzes
8. Kennenlernen von grammatischen Phänomenen, die für den Autor Ovid zentral sind
9. Übersetzen und Interpretieren von zentralen Stellen der *Metamorphosen*
10. Kennenlernen von formalen und stilistischen Eigenheiten des Autors Ovid

Der Lernzirkel besteht daher aus sechs Stationen – die inhaltlich unterschiedliche Schwerpunkte setzen –, aus einem Abschlussquiz und einer Differenzierungsstation für besonders Schnelle. Er ist bezüglich seiner Inhalte interessendifferenzierend und im Hinblick auf den Schwierigkeitsgrad kumulativ-differenzierend konzipiert. Für die Erarbeitung des Zirkels sind je nach Leistungsbereitschaft der Lerngruppe zwischen 6 und 15 Unterrichtsstunden einzuplanen je nachdem, ob die Stationen arbeitsteilig in Gruppen oder von jedem Schüler einzeln erarbeitet werden sollen. Natürlich ist nicht jede Aufgabe von jedem Schüler zu bearbeiten. Diesbezüglich kann die Lehrkraft den Schülern eine gewisse Anzahl vorgeben oder im Vorfeld die zu bearbeitenden Aufgaben festlegen. Nach der Bearbeitung einer jeden Station sollen die Schüler anhand der Lösungsblätter ihre Ergebnisse vervollständigen bzw. korrigieren. Die Resultate lassen sich dann entweder durch die Einteilung der Schüler in Stamm- und Expertengruppen nochmals zwischensichern – sofern die Stationen arbeitsteilig in Gruppen bearbeitet werden – oder durch die Präsentation im Plenum am Ende der Lernzirkelphase. Auch die produktive Erstellung von Plakaten, die Ovids Version mit dem Rezeptionsdokument kontrastiv vergleichen, erwies sich in der Praxis als zielführend. Von den sechs Basisstationen befinden sich je zwei auf dem gleichen Niveau, sodass auch in Bezug auf die Leistungsfähigkeit Differenzierungsmöglichkeiten bestehen.

So sind bei den Stationen I und II nur Lücken in der bereits vorhandenen Übersetzung zu füllen, bei den Stationen III und IV sind mithilfe von freieren Übersetzungen eigene zu erstellen und in den Stationen V und VI ist der lateinische Textauszug anhand von Wortangaben zu übersetzen. Innerhalb jeder Station werden die Schüler in gleich bleibender Schrittfolge durch eine Station geführt: Nach der Vorerschließung des Mythos anhand einer Synopse sollen sie die Wörter, die Grammatik und Wendungen des vorliegenden Textauszugs kennen lernen, um diesen nach einer solchen systematischen Vorentlastung übersetzen zu können. Sodann sollen sich die Schüler mit dem Interpretieren, dem produktionsorientierten Umgang mit den Mythen und dem Vergleich mit den Rezeptionsdokumenten auseinandersetzen. Insgesamt ist es sinnvoll, wenn die Lehrkraft im Vorfeld über die Anzahl der zu bearbeitenden Aufgaben entscheidet und dabei Pflichtaufgaben und solche zur Kür festlegt. Die unterschiedlichen Medien (Text, Bild, Hörbuch, Film) erfordern jeweils den Einsatz verschiedener Sinne, sodass verschiedene Lerntypen angesprochen werden und eine multimediale Wahrnehmung der antiken und postmodernen Mythenadaptionen erreichbar ist.

Getreu dem Motto von Wilfried Stroh „Latein ist tot, es lebe Latein!" soll der Lernzirkel zu Ovids *Metamorphosen* den Schülern vor Augen führen, dass Latein zwar nicht mehr von Muttersprachlern gesprochen wird, aber als Kultursprache noch immer eine sehr bedeutende Rolle spielt. Die Vielzahl an unterschiedlichen Adaptionen soll die Schüler dazu anregen, Vergleiche zwischen den Versionen Ovids und den modernen Autoren zu ziehen, damit sie erkennen, dass Gegenwartsautoren mythologische Erzählungen immer wieder als Vorlagen für moderne Geschichten funktionalisieren.
So erkennen sie, dass „der Mythos" seit der Antike als offenes Konstrukt wirksam ist und bleibt.
Ein fachkompetenter Umgang mit modernen Adaptionen im Vergleich mit den *Metamorphosen* von Ovid ist daher neben der grammatischen Spracharbeit und der Schulung der Übersetzungskompetenz ein zentrales Ziel. Im Kontext der Analyse von Rezeptionsdokumenten im Vergleich mit Ovids *Metamorphosen* soll auch die Recherchekompetenz mit Blick auf mythologische Motive oder im produktionsorientierten Umgang mit Mythen eine Schulung erfahren. Letzteres erfolgt zum Beispiel durch Übernahme der Perspektive in Kombination mit einer kurzen Schreibaufgabe. Als zusätzliche Materialien sollten den Schülern Lateinlexika und eine geringe Zahl an (Online-)Mythenlexika zur Verfügung gestellt werden. Für eine multimediale Nutzung des Lernzirkels, die optional ist, kann die Lehrkraft noch eine Stelle eines Hörbuchs (vgl. Station 2: Auszug aus dem Hörbuch von *Jack Perdu*) und eine kurze Filmszene (vgl. Station 4: Medusa-Szene aus *Percy Jackson*, welche auch online auf einschlägigen Streamingplattformen verfügbar ist) in die Arbeitsphase integrieren. Dies ist aber für eine gelingende Umsetzung des Zirkels nicht zwangsläufig notwendig.

Der Lernzirkel versteht sich als variierendes und vertiefendes Additum zur *Metamorphosen*-Lektüre, welche die Schüler der Mittel- und Oberstufe mit sprachlichen und inhaltlichen Schwierigkeiten konfrontiert. Die im Lernzirkel etablierten Rezeptionsdokumente aus der aktuellen Jugendliteratur sollen die Schüler einerseits zur Lektüre motivieren, andererseits soll der moderne Duktus dieser Rezeptionsdokumente, die der Lebenswelt der Schüler näher stehen, das vertiefte Verständnis für die *Metamorphosen* erleichtern. Eine Bearbeitung des Lernzirkels kann also sowohl vor als auch während oder nach der Lektürephase der *Metamorphosen* zur Ergänzung der Sequenz erfolgen.

Um der immer deutlicher zutage tretenden Heterogenität in der Schülerschaft mithilfe der vielfältigen Themenfelder von Ovids *Metamorphosen* entgegenzukommen, sollen die unterschiedlichen Stationen unterschiedliche Schülertypen ansprechen. Im Gesamtblick erfolgt eine Differenzierung auf vier Ebenen:

1. Nach Interessen und Inhalten: Die Differenzierung nach Inhalten und Interessen eröffnet Schülern vor allem im Rahmen der Interpretationsarbeit den nötigen Spielraum, individuelle Schwerpunkte zu setzen. Dies kann sehr gut anhand des Lektüreunterrichts der Mittel- und Oberstufe umgesetzt werden, der ganz unterschiedliche literarische Texte im Original thematisiert. Nach dem Zusammenführen der Ergebnisse aus den einzelnen Stationen können die Schüler die Ergebnisse der von ihren bearbeiteten Stationen in einen größeren Kontext innerhalb der *Metamorphosen* einordnen und somit einen besseren Einblick in die komplexe und kunstvolle Gesamtkonzeption des Werkes erhalten. In Ergänzung zum traditionellen Lektüreunterricht kann sich so eine größere Eigenständigkeit beim Lösen von sprachlichen und inhaltlichen Problemen entwickeln, da die Schüler in ihrem eigenen Tempo arbeiten können. Thematisch bilden die Stationen kleine Einheiten: So geht es bei den Stationen 1 und 2 um Götter und Heroen (Apollo, Orpheus), die in Interaktion mit ihrer Geliebten treten, in den Stationen 3 und 4 werden Helden (Phaethon, Perseus) fokussiert, die über ihre Schranken hinaus gehen und bis an die Grenzen des mythischen Erdkreises gelangen. In den Stationen 5 und 6 stehen schließlich Helden (Theseus, Herkules) im Mittelpunkt, die mit viel Mut und Kraft Ungeheuer bändigen.

2. Nach Schwierigkeitsgraden: Dieser Differenzierung trägt der unterschiedliche Schwierigkeitsgrad der Stationen Rechnung, d.h. es finden sich im Lernzirkel entsprechend gestaltete Materialien: So bilden die Stationen 1–2 eine Einheit, da in diesen nur Lücken einer bereits vorhandenen Übersetzung auszufüllen sind, in den Stationen 3–4 finden sich poetische Übersetzungen des renommierten Altphilologen Prof. Markus Janka, auf deren Grundlage die Schüler eine eigene Übersetzung anfertigen sollen. In den Stationen 5–6 sind nur Wortangaben vorhanden, anhand derer die Schüler den Text übersetzen sollen. Sollten manche Schüler bzw. Lerngruppen schneller sein als andere, so steht eine Differenzierungsstation zum Arachne-Mythos für besonders Schnelle zur Verfügung. Das Ende führt alle Fäden zusammen; die Schüler bearbeiten die Abschlussstation und halten ihre Ergebnisse z.B. auf Plakaten fest.

3. Nach unterschiedlichen Sozialformen: Zur Differenzierung bieten sich auch unterschiedliche Sozialformen an. Der Lernzirkel gewährleistet insgesamt einen ausgewogenen Einsatz von unterschiedlichen Sozialformen. So können die Stationen 1–2 in Einzelarbeit, die Stationen 3–4 in Partnerarbeit und die Stationen 5–6 in Kleingruppen bearbeitet werden, damit sich Schüler bei schwierigeren Stationen gegenseitig helfen und auch Strategien der Arbeitsteilung entwickeln und anwenden können.

4. Nach unterschiedlichen Medien: Um mehrere Lerntypen anzusprechen, dem großen Interesse der meisten Schüler an unterschiedlichen Medien gerecht zu werden und die Aufgaben ebenso abwechslungsreich wie schülermotivierend zu gestalten, sind unterschiedliche Medien eingesetzt. Dadurch können sich Schüler intensiver mit Medien beschäftigen, die sie auch ansprechen. Jede Lehrkraft kann alternativ jedoch auch nur mit den Romanauszügen und den Bildern arbeiten. Nicht zuletzt eignen sich die Schüler durch die kritische Auswertung von Bildern, einem Hörspielausschnitt und einer Filmszene auch Spezifika von diversen digitalen Medien der Gegenwartskultur an. Dies trägt zu einem systematischen Aufbau von Medienkompetenz bei. Zudem gewinnen Schüler Sicherheit und Routine im Umgang mit Medienverbünden.

für Schülerinnen und Schüler

Herzlich willkommen zum Lernzirkel zu Ovids *Metamorphosen*, einem der wichtigsten Werke der Weltliteratur, das für die gesamte Neubelebung des Mythos der Griechen und Römer in den Bereichen Literatur, Kunst, Film und sogar Musik bis in unsere Zeit verantwortlich ist. In den nächsten Lateinstunden darfst du jede Station bearbeiten. Du kannst die Reihenfolge der Stationen selbst wählen und in deinem eigenen Tempo arbeiten. Gehe mit den Materialien sorgfältig um und lies die Arbeitsanweisungen genau durch, bevor du die Aufgaben in deinem Übungsheft schriftlich bearbeitest. Denke daran, immer in ganzen Sätzen zu antworten. Wenn du mit einer Station fertig bist, vergleiche deine Lösung selbstständig mit dem Lösungsblatt und verbessere sie, wenn nötig. Unterschreibe zuletzt, dass du die jeweilige Station bestmöglich bearbeitet und verbessert hast. Solltest du alle Stationen mitsamt dem Abschlussquiz erledigt haben, dann darfst du dich an die Station für Ovid-Cracks wagen und zum „*Metamorphosen*-Spezialisten" werden. Das Abschlussquiz und die damit zusammenhängenden Arbeitsaufträge werden am Ende in der Klasse verbessert.
Für die Bearbeitung des Zirkels darfst du ein Wörterbuch und ein Mythenlexikon zu Hilfe nehmen oder auch online recherchieren. Die Stationen 1 und 2 sind in Einzelarbeit zu lösen, die Stationen 3 und 4 in Partnerarbeit und die Stationen 5 und 6 in Kleingruppen. Solltest du die Zusatzaufgaben für Schnelle zum Skandieren bearbeitet haben, lass diese von einem Lernpartner oder der Lehrkraft kontrollieren. Viel Freude und Erfolg!

Stationen:	**erarbeitet am**	**kontrolliert am**	**Unterschrift**
Station 1 (Anfänger): Apollo und Daphne			
Station 2 (Anfänger): Orpheus und Eurydike			
Station 3 (Fortgeschrittener): Phaethon und der Sonnenwagen			
Station 4 (Fortgeschrittener): Perseus und Medusa			
Station 5 (Experte): Theseus und der Minotaurus			
Station 6 (Experte): Herkules und Cerberus			
Station 7: Abschlussquiz – *Metamorphosen* in der Kunst			
Station 8 (Crack): Arachne und Athene			

Station 1: Apollo und Daphne – Wenn einer liebt und der andere flieht …

Einleitung: In seinem Verwandlungsepos *Metamorphosen* erzählt Ovid in fünfzehn Büchern die Geschichte der Welt von den Anfängen bis in seine eigene Zeit. Zu den Ursprungssagen des ersten Buches gehört eine der wirkungsmächtigsten Verwandlungsgeschichten. Sie handelt von der unglücklichen Liebe des Apollo, dem Gott der Weisheit, Weissagung und der Dichtkunst, zu der Nymphe Daphne, der Tochter des Flussgottes Peneus. Doch wie kommt es dazu, dass Apollo sich in diese Frau verliebt? Aus Stolz über die Bezwingung des Schlangenmonsters Python verhöhnt Apollo den kleinen Liebesgott Amor und dessen Waffen. Aus Ärger über diesen Hochmut nimmt Amor Rache, indem er zwei Pfeile abschießt: Mit einem Unlustpfeil stumpft er Daphne gegen Liebesgefühle ab, während er bei Apollo durch einen Liebespfeil die unstillbare Leidenschaft zu Daphne entfacht. So beginnt Daphne vor Apollos Liebeswerbung zu fliehen, Apollo hingegen Daphne zu jagen. Kurz bevor sie ihrem Verfolger nicht mehr zu entkommen vermag, erfleht sie von ihrem göttlichen Vater Rettung …

I Vorerschließung

1. Formuliere eine überzeugende Bitte, mit der sich Daphne in ihrer Not an den Vater wenden könnte.
2. Stelle eine Vermutung darüber an, wie Apollo auf die Abweisungen durch Daphne reagiert.

II Wortschatzübung

1. Ordne den Körperteilen die zutreffenden deutschen Bedeutungen zu und ermittle deren Genera: Fuß – Glieder – äußere Gestalt – Haar – Brust – Mund – Arm

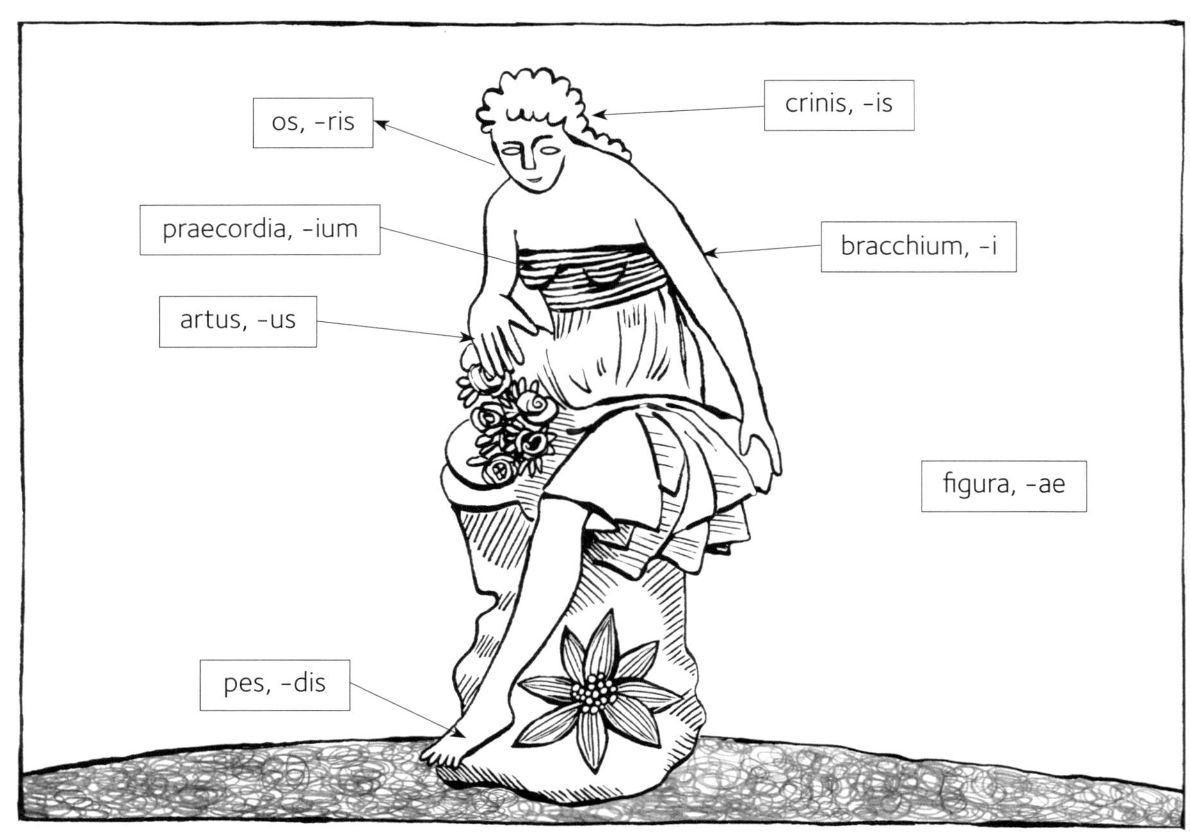

2. Ordne den Teilen des Baumes die treffenden deutschen Vokabeln zu und ermittle deren Genera: Zweig – Wipfel – Rinde – Wurzel – Laub

III Grammatik

1. In dichterischen Werken stehen die Wörter, die sich aufeinander beziehen, selten unmittelbar nebeneinander.

   a) Benenne dieses Stilmittel.
   b) Unterstreiche in folgenden beiden Versen die Wörter, die sich aufeinander beziehen. Achte dabei auf KNG-Kongruenz.

mollia cinguntur tenui praecordia libro (V. 549)
[...]
pes modo tam velox pigris radicibus haeret (V. 551)

2. Gib an, bei welcher der folgenden Formen es sich um ein Gerundium handelt, und begründe deine Antwort.

   mutato – mutans – mutando – mutatas – mutantes – mutabo

IV Leseverstehen

1. Ovid verwendet in der Daphne-Episode auffällige Stilmittel in Bezug auf die Flüsse. Gib an, um welche es sich handelt, und nenne deren Funktion.

Textstelle	Stilmittel und Funktion
„Fer, pater, … opem,…" (V. 546)	
si flumina numen habetis (V. 546)	
„… mutando perde figuram!" (V. 547)	

2. Erkläre anhand der Attribute (= charakteristische Gegenstände und Merkmale) des Apollo, für welche Bereiche der Gott zuständig ist.

____

____

____

____

____

____

____

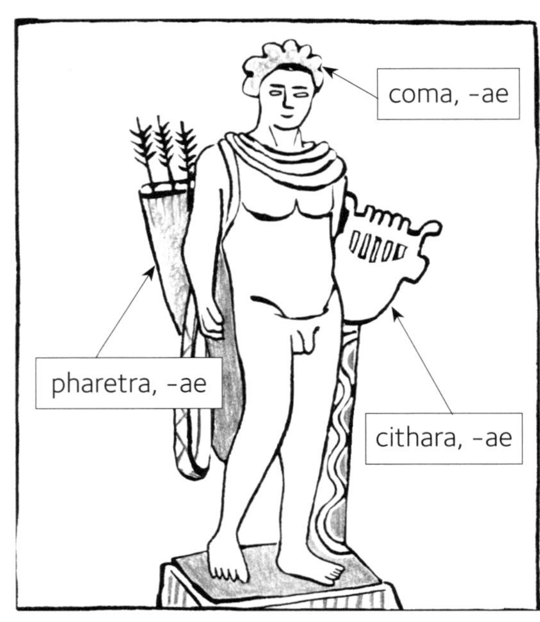

V Übersetzung

Vervollständige die lückenhafte Übersetzung von Daphne. Auf ihrer Flucht blieb keine Zeit für Vollständigkeit:

Ovid: Metamorphosen 1,546–552 / 557–559:

„Fer, pater" inquit „opem, si flumina numen habetis!
Qua nimium placui, mutando perde figuram!"
Vix prece finita torpor gravis occupat artus,
mollia cinguntur tenui praecordia libro,
in frondem crines, in ramos bracchia crescunt,
pes modo tam velox pigris radicibus haeret,
ora cacumen habet; remanet nitor unus in illa. …
… Cui deus: „At quoniam coniunx mea non potes esse,
arbor eris certe" dixit „mea. Semper habebunt
te coma, te citharae, te nostrae, laure, pharetrae."

„Vater", so sagte sie, „hilf, falls ihr Flüsse ______________________ habt!

_______________ das Aussehen, durch das ich zu sehr gefiel, ______________________!"

____, lähmt lastende Taubheit die Glieder,

die zarte Brust wird von __________________________________ umgürtet,

____,

und ihr eben noch so schneller Fuß bleibt in _______________________

______________________ stecken und (schließlich) nimmt ihr Gesicht ein Baumwipfel ein;

____ ...

Zu ihr sagte der Gott: „Weil du jetzt ja ____________________________________,

wirst du wenigstens ____", so sagte er,

„Immer werden dich, Lorbeer, ____."

VI Interpretation

1. Begründe, weshalb Daphne lieber verwandelt werden will, als mit Apollo zusammen zu sein.
2. a) Beschreibe mithilfe von Textbelegen, in welchen Schritten Ovid Daphnes Metamorphose in einen Baum schildert.
   b) Finde dann heraus, an welche moderne visuelle Technik diese Erzählweise erinnert.
   c) Erkläre schließlich, was der Text mithilfe dieser Technik beim Leser bewirkt.
3. a) Erschließe unter Einbezug eines Textbelegs, warum sich Apollo und Daphne am Ende der Episode trotz der Verwandlung Daphnes nah sind.
   b) Erläutere anschließend, was Apolls Verhalten nach der Verwandlung von Daphne über seine Auffassung von Liebe aussagt.
4. Der Name Daphne ist nicht nur ein Eigenname, sondern bezeichnet auch die Pflanze Lorbeer. Finde heraus, welche Symbolik mit dem Lorbeer in dieser Episode verbunden ist. Beziehe zur Beantwortung der Frage die kulturgeschichtliche Bedeutung des Lorbeerkranzes mit ein.

VII Handlungs- und produktionsorientierte Aufgaben

1. Versetze dich in die Lage des Apollo: Schreibe einen kurzen Liebesbrief (fünf Sätze) an Daphne, anhand dessen du die Fliehende von deinen Vorzügen überzeugst. Baue in den deutschen Fließtext mindestens drei lateinische Wörter aus dem obigen Textauszug ein.
2. Bildet eine Dreiergruppe und gestaltet ein Standbild zu dieser Szene, in der Daphne die Verwandlung in einen Lorbeer erfleht und Apollo kurz davor ist, sie zu ergreifen. Einer fungiert als Standbildner und korrigiert die Positionen, Gestik und Mimik. Macht ein Foto vom Ergebnis.
3. Zeichne einen Comic von der Verwandlung Daphnes und der Umarmung des verzweifelten Apollo. Es sollte auch der Flussgott Peneus vorkommen, der die Metamorphose gerade bewirkt. Der Comic sollte aus vier bis sechs kleinen Bildern bestehen. Integriere in jedes Bild passende lateinische Zitate aus dem obigen Text in Sprechblasen.

Autor: Dr. Michael Stierstorfer: „Lernzirkel Lateinische Sagen", Klasse 10–13

VIII Ovid als Schlüssel zum Verständnis von zeitlosen kulturellen Symbolen: Der Jagdgott Apollo als Schürzenjäger im modernen London

Auch in einigen modernen (fantastischen) Romanen wird die Geschichte von Apollo und Daphne verarbeitet. Dabei gehen die Verfasser mit dem Mythos meist freier um.

Die englische Autorin Marie Philipps greift diese Episode auf ganz besondere Weise in ihrem Werk „Götter ohne Manieren" (Bertelsmann Verlag 2008) auf. Die Handlung des Romans verläuft wie folgt: Die antiken Götter wohnen in einer kleinen WG am Stadtrand des modernen London. Sie können sich keine größere Bleibe leisten, weil sie fast niemand mehr anbetet. Daher müssen sie nun eher unseriösen Nebenjobs nachgehen: Apollo, der wegen seiner unglücklichen Liebe zu Daphne bis in die Gegenwart gekränkt ist, hat in der englischen Hauptstadt eine eigene TV-Show als Wahrsager und Orakel. Um Apollo aus alter Rivalität heraus erneut zu ärgern, schießt Amor einen Liebespfeil auf ihn und einen Hasspfeil auf Alice, die Putzfrau des Fernsehstudios. Apollo möchte im Folgenden unbedingt bei Alice landen, obwohl diese ihn immer wieder verschmäht, weil sie in den netten jungen Mann Neil verliebt ist. Gekränkt von dieser erneuten Zurückweisung stachelt Apollo Zeus an, Alice mit einem Blitz in die Unterwelt zu befördern. Bei den Gesprächen zwischen Apollo und Eros ist Daphne noch immer ein Streitthema:

> Daphne. Selbstverständlich erinnerte sich Eros an sie. Alle erinnerten sich an Daphne: Sie war der Grund, dass Apoll ihn in den letzten dreitausend Jahren schräg anguckte. Apoll hatte einmal den Fehler gemacht, die Fähigkeiten seines Cousins zu verunglimpfen, und um seine Stärke unter Beweis zu stellen, hatte Eros dafür gesorgt, dass Apoll sich in eine wunderschöne Nymphe verliebte, und dafür, dass diese Nymphe ihn verabscheute. Tatsächlich stieß sie sein Werben so ab, dass sie ihren Vater überredete, sie in einen Baum zu verwandeln. Das half nicht. Apoll rieb sich an ihrer Rinde und trug ihre Blätter als Krone, während alle anderen Götter über ihn spotteten. Hunderte Jahre lang, lange nachdem Apoll seinen Liebesschmerz verwunden hatte, hieß es jedes Mal, wenn er irgendeinen Vorschlag machte, voller Häme: „Ich weiß nicht. Ich habe keine rechte Lust dazu. Vielleicht verwandle ich mich lieber in einen Baum." Schließlich hatte Apoll selbst angefangen, Sterbliche in Bäume zu verwandeln, um sich wieder Respekt zu verschaffen. Mit anderen Worten: Daphne war ein Präzedenzfall.

Phillips, Marie: Götter ohne Manieren. Aus dem Englischen von Sabine Herting, München: Bertelsmann 2008, S. 45.

1. a) Finde heraus, was die Autorin mit dem Begriff ‚Präzedenzfall' ausdrücken möchte.
   b) Erkläre, wie die Vorlage von Ovid dadurch verändert wird.

2. a) Ermittle, mit welchen lateinischen Verben der Verwandlungsprozess bei Ovid veranschaulicht wird. Wie geschieht dies im Vergleich dazu bei Phillips?
   b) Begründe, welche Darstellungsweise deiner Meinung nach kunstvoller ist.

3. Bei Phillips möchte sich jeder Gott in einen Baum verwandeln, der keine Lust auf Apollos Vorschläge hat. Erkläre, ob diese Aussage ernst gemeint ist, und erschließe daraus, wie der Roman mit der Vorlage von Ovid umgeht.

Du bist schon fertig? → Zusatzaufgabe für Schnelle: Skandiere die ersten 5 Verse von Punkt V. Besprich deine Lösung dann mit einem Lernpartner.

Station 2: Orpheus und Eurydike – Wenn ein Schlangenbiss das Liebesglück vernichtet …

Einleitung: Orpheus, der berühmte Sänger des Rhodope-Gebirges in Thrakien, heiratet im zehnten Buch der *Metamorphosen* seine Geliebte, die Nymphe Eurydike. Jedoch ist den beiden bei deren Hochzeit Hymenäus, der Gott der Eheschließung, nicht wohlgesonnen und weist ihnen mit seiner Fackel nicht den Weg ins Eheglück. Ein böses Omen! Kurz darauf wird Eurydike von einer giftigen Schlange gebissen und stirbt sofort an den Folgen des Bisses. Orpheus verfällt deswegen in eine tiefe Depression, da er den Verlust seiner Gattin nicht verarbeiten kann. Somit hört er auch auf, mit seinem engelsgleichen Gesang die Götter und die Umwelt, wie z. B. wilde Tiere, zu erfreuen. Nach unzähligen Überlegungen, wie er seine Frau wiedergewinnen könnte, kommt ihm plötzlich eine unerhörte und riskante Idee. Doch Orpheus schreckt vor keinem noch so steinigen Weg zurück, um Eurydike zu retten.

I Vorerschließung

1. Erschließe, welche Idee Orpheus haben könnte, um seine Gattin zurückzugewinnen. Denke dabei an den Ort, an den die Toten nach antiker Vorstellung gekommen sind.
2. Orpheus klagt nach dem Verlust seiner Ehefrau bitterlich. Formuliere ein kurzes Gebet, das aus vier Sätzen besteht, mit dem sich der Sänger an die Götter wendet, um seine Trauer zu verarbeiten.

II Wortschatzübung

1. Die Unterwelt: Ein unheimlicher Ort
   Ordne den lateinischen Vokabeln folgende Bedeutungen mithilfe des Bildes zu:
   finsterer Tartarus – Schatten – medusenhaftes Untier – Tor am Kap Taenaron (Südspitze der Peloponnes) – Hauptfluss der Unterwelt

Autor: Dr. Michael Stierstorfer, „Lernzirkel Lateinische Sagen", Klasse 10–13; Illustration: Antje Kahl

2. Formen-Sudoku: Um den Weg in die Unterwelt zu finden, muss Orpheus folgende Rätsel lösen.

   a) Finde heraus, nach welchem System die Tabelle zu ergänzen ist, und vervollständige sie entsprechend.

		descendo		
flevit				
				audere
occidit				
	auferebant			
			adibo	
				diffundere

   b) Gib von jedem Infinitiv je eine deutsche Bedeutung an.

III Grammatik

1. Ein Schlangensatz, der beißt: Fertige eine Satzanalyse zu den Versen 11–17 an, indem du in die Zeilen folgende Abkürzungen einträgst: HS (Hauptsatz), NS 1 (Nebensatz ersten Grades), NS 2 (Nebensatz zweiten Grades), NS 3…

________ *Postquam Rhodopeius vates Eurydicen ad auras deflevit,*

________ *ne non temptaret et umbras,*

________ *ad Styga descendere ausus est perque leves populos / simulacraque functa sepulcro Persephonem adiit / inamoenaque regna tenentem / dominum umbrarum pulsisque nervis ad carmina sic ait.*

2. Verwandle die Nebensätze in Ablativi Absoluti (Tipp: Der lat. Text unter V hilft dir.):

   a) *Postquam Eurydice dentem serpentis in talum recepit, occidit.*
   b) *Postquam Orpheus nervos lyrae pepulit, Persephonem et Plutonem sic alloquitur.*
   c) *Postquam Orpheus ambages falsae orationis posuit, vera loqui desiderat.*

____

____

____

IV Leseverstehen

1. Orpheus überschreitet die Grenze zwischen Leben und Tod. Ordne folgende Begriffe entweder der Spalte „Leben“ oder der Spalte „Tod“ zu:

dominus umbrarum – crescentes anni – inamoena regna – per herbas – turba naiadum – mundus sub terra positus

Leben	Tod

2. Orpheus als aktiver Heros: Schreibe fünf Prädikate aus dem lateinischen Text (s. Punkt V) heraus, welche die Aktivitäten des Orpheus näher beschreiben, und übersetze sie.

V Übersetzung

Eurydike hatte nicht genügend Zeit zum Übersetzen, da sie von einer hinterhältigen Schlange gebissen wurde. Daher ist ihre Übersetzung lückenhaft geblieben. Vervollständige diese.

Ovid: Metamorphosen 10,8–24:

(…) nam nupta (= Eurydice) per herbas
dum nova naiadum turba comitata vagatur,
occidit in talum serpentis dente recepto.
Quam satis ad superas postquam Rhodopeius auras
deflevit vates, ne non temptaret et umbras,
ad Styga Taenaria est ausus descendere porta
perque leves populos simulacraque functa sepulcro
Persephonem adiit inamoenaque regna tenentem
umbrarum dominum pulsisque ad carmina nervis
sic ait: ‚o positi sub terra numina mundi,
in quem reccidimus, quicquid mortale creamur,
si licet et falsi positis ambagibus oris

vera loqui sinitis, non huc, ut opaca viderem
Tartara, descendi, nec uti villosa colubris
terna Medusaei [= medusenhaft] vincirem guttura monstri:
causa viae est coniunx, in quam calcata venenum
vipera diffudit crescentesque abstulit annos.

Denn während ______________________________ in Begleitung einer Schar von Najaden durch die

Wiese schweifte, ist sie umgekommen, als sie ______________________________.

Nachdem der Sänger vom Rhodope-Gebirge sie genug an der Luft der Oberwelt beweint hatte,

wagte er es, ____,

um es auch bei den ______________________________ zu versuchen, und er ist durch Geister und

Schatten, die bereits begraben waren, ____

____,

der über das ungemütliche Königreich regiert. Nachdem er zu seinen Liedern in die Saiten (der Lyra)

gegriffen hatte, ____: „Ihr Götter der Unterwelt,

in die wir alle kommen, die wir als Sterbliche erschaffen werden, gestattet mir, Wahres zu sagen,

wenn dies möglich ist, ohne Umschweife eines falschen Mundes zu machen.

Ich bin ____

____, noch um die drei Hälse des medusenhaften

Monsters, die aufgrund von Schlangen zottelig sind, zu fesseln.

Der Grund ____,

auf die sie getreten war, und die ihr die noch ausstehenden Lebensjahre ______________________."

VI Interpretation

1. Nenne unter Anführung eines lateinischen Zitats den Grund, weshalb der Sänger Orpheus die gefährliche Reise in die Unterwelt auf sich genommen hat. Beschreibe, worüber er in diesem Kontext vor den Göttern klagt.
2. In V. 11–17 wird Orpheus' Abstieg in die Unterwelt in einem einzigen Satz beschrieben. Benenne die Stationen der Reise sowie die Wesen, denen Orpheus begegnet, unter Anführung lateinischer Belegstellen. Stelle dann Vermutungen darüber an, was Ovid mit dieser knappen Darstellungsweise bewirkt.
3. Finde anhand der Beschreibung in den Versen 21–22 heraus, welches schreckliche Monster der Unterwelt Ovid beschreibt. In welche heldenhaften Fußstapfen möchte Orpheus dennoch nicht treten?

VII Handlungs- und produktionsorientierte Aufgaben

1. In dem obigen Textausschnitt von Ovid findet sich der Anfang der Rede, mit der Orpheus seine geliebte Frau aus der Unterwelt zurückholen möchte. Formuliere den zweiten Teil der Rede, indem du für den Hauptteil und Schluss je ein möglichst überzeugendes Argument findest.
2. In V. 21–22 beschreibt Ovid ein berühmtes bellendes Unterweltsungeheuer. Zeichne es nach Ovids Vorgaben und beschrifte das Bild mit lateinischen Adjektiven und Nomina aus dem Text.
3. Zeichne einen Comic mit lateinischen Zitaten, der den Tod der Eurydike in wenigen Einzelbildern darstellt.

VIII Ovid als Schlüssel zum Verständnis von zeitlosen kulturellen Symbolen: Wenn das Schattenreich zur Großstadt wird ...

Der hochbegabte Schüler Jack, der sehr begeistert von Ovids *Metamorphosen* ist und nebenbei an der amerikanischen Universität Yale als übersetzende Hilfskraft arbeitet, begegnet eines Tages der Mitschülerin Tanya, der er von seiner Leidenschaft zur lateinischen Sprache berichtet. Ganz in das zehnte Buch der *Metamorphosen* vertieft, wird er von einem Auto überfahren. Jack landet sodann im Krankenhaus und kann von diesem Zeitpunkt an Geister sehen. Kurz darauf begegnet er dem liebenswürdigen, aber depressiven Schatten der Euri, die als lebendes Mädchen bei einem Selbstmordversuch vom Zug überfahren worden ist. Diese führt ihn zu einem Gleis der U-Bahn-Station, das den Übertritt in den Hades ermöglicht. Dort trifft Jack nicht nur auf den aggressiven Unterweltswächter Klopper mit seinem dreiköpfigen Wachhund Zerberus, sondern er möchte neben Eurydike auch noch seine Mutter, die bei einem Sturm ums Leben kam, aus der Unterwelt befreien.

»*Metamorphosen.*« Tanya rümpfte die Nase. »Ist das ein Buch über Insekten oder so was?«

»Es ist ein Buch über griechische Mythologie.«

Tanya schüttelte den Kopf. »Du bist viel zu schlau fürs Gymnasium, Jack. Du könntest selbst schon Professor oder so was sein.«

»Ich muss weiter«, sagte Jack. Und ehe sie noch etwas anderes sagen konnte, schlug er die *Metamorphosen* wieder auf und marschierte auf die Ulmenstraße zu. Solche Sprüche hatte er schon mehr als einmal gehört. Während er sich eilig davonmachte, konzentrierte Jack sich darauf, wie sich das lateinische Wort *occidit* wohl am besten übersetzen ließ. Er hatte gerade mit Buch zehn der *Metamorphosen* angefangen, das seine Lieblingssage enthielt, die Geschichte des Musikers Orpheus. Nachdem seine Braut Eurydike an einem Schlangenbiss gestorben ist, steigt Orpheus in die Unterwelt hinab, um sie zurückzuholen. Jack war bis zum Angriff der Schlange gekommen, nach dem Eurydike *occidit. Occidit* konnte bedeuten, dass die Schlange sie »getötet« oder »umgebracht« hatte, aber es konnte ebenso gut »dahinscheiden« oder »umkommen« bedeuten. Manche Leute sahen keinen großen Unterschied zwischen diesen Varianten. Jack schon. Man konnte durch einen Unfall dahinscheiden oder umkommen, also ums Leben kommen, und niemand war schuld daran. Wenn man aber getötet wurde, gab es jemanden – in Eurydikes Fall die Schlange –, der die Schuld daran trug. Jack betrat den Fußgängerüberweg. Seine Füße fanden den Weg allein, während seine Nase wie eine Wetterfahne in das aufgeschlagene Buch zeigte. »Getötet werden, umkommen«, murmelte er und wog die Möglichkeiten ab. Gerade als er die Grammatik zu Rate zog, sich auf das Wort »umkommen« konzentrierte und damit die Schlange von bösen Absichten freisprach, hörte er Tanya rufen. »Jack!« Aber er hob das Buch noch dichter ans Gesicht und tat so, als hätte er sie nicht gehört.

Das Nächste, was er mitbekam, war laute Heavy-Metal-Musik, dann wurde er von den Füßen gerissen und in die Luft geschleudert. Jack hatte kaum Zeit, wahrzunehmen, was passiert war. Aus dem Augenwinkel sah er das Auto, das ihn erwischt hatte, hörte panische Schreie und schloss die Augen, als sein Körper auf den Boden aufschlug. Ein lautes Rauschen toste in seinen Ohren, dann verlor er das Bewusstsein.

Marsh, Katherine: Jack Perdu und das Reich der Schatten, Frankfurt am Main: Fischer Verlag 2008, S. 9–10.

1. Jack hat im Roman ein Übersetzungsproblem mit *occidit* (V. 10). Erkläre, weshalb und gib ihm einen Tipp, wie er dieses lösen kann, indem du die Metrik des Verses analysierst. Inwiefern passt dieses Problem tragischer Weise zu seinem eigenen Leben?
2. Ermittle, was Jack und Eurydike gemeinsam haben, und stelle anhand deines Wissens über die Vorlage von Ovid Vermutungen an, wie die Handlung von Jack Perdu weitergehen könnte.
3. Erschließe unter Einbezug der lateinischen Textstelle, wie die Autorin Marsh mit der Vorlage von Ovid umgeht. Wieso siedelt Marsh den Eingang in die Unterwelt gerade an einer U-Bahn-Station an?

Optional: Frage speziell zum Hörbuch:

4. Höre dir den Ausschnitt des Hörbuchs nochmals an und beurteile, ob die Sprecherin Stimmen und die Sprechweise von Jack und Tanya angemessen wiedergibt.

Du bist schon fertig? → Zusatzaufgabe für Schnelle: Skandiere die ersten 5 Verse von Punkt V. Besprich deine Lösung dann mit einem Lernpartner.

Station 3: Phaethon und der Sonnenwagen – Wenn ein Versprechen fatale Folgen hat …

Einleitung: Die alleinerziehende Mutter Clymene erzählt im zweiten Buch der Metamorphosen ihrem jugendlichen Sohn Phaethon, dass er aus ihrer Beziehung mit dem Sonnengott Sol hervorgegangen sei. Eines Tages berichtet er dieses Geheimnis seinem gleichaltrigen Freund Epaphus. Dieser bezichtigt Clymene der Lüge und Phaethon der Leichtgläubigkeit: „Du Idiot glaubst der Mutter alles und willst mit dieser erlogenen Abstammung nur angeben!" Gekränkt von solchen Schmähworten sucht und findet Phaethon Trost bei seiner Mutter. Diese schwört ihm alle heiligen Eide, dass Phaethon wirklich von Sol abstammt. Darüber hinaus rät sie ihm, seinen Vater Sol in seinem Sonnenpalast aufzusuchen und ihn persönlich zu befragen. Dieser empfängt Phaethon ausgesprochen freundlich als seinen Sohn und gewährt ihm als Vaterschaftsbeweis die Erfüllung eines beliebigen Wunsches. Darüber freut sich Phaethon sehr. Er brennt darauf, den Sonnenwagen für einen Tag zu lenken. Sein Vater ist von diesem Vorhaben entsetzt: „Jeden Wunsch erfülle ich dir, mein lieber Sohn, jeden auf Erden – Nur diesen einen nicht. Die Sonnenrosse können nur durch göttliche Hand gelenkt werden." Trotz dieser Worte beharrt Phaethon auf der Erfüllung des Versprechens. Denn es ist sein größter Traum, nur ein einziges Mal die Sonne aufgehen zu lassen. Schweren Herzens übergibt ihm der Vater die Zügel. Eine rasante Fahrt beginnt, die Pferde rasen los, doch Phaethon ist zu leichtgewichtig. Daher schleudert es das Fahrzeug herum und der Lenker verliert sofort die Gewalt über die wilden Tiere. So passiert das Unabwendbare: Die Welt beginnt zu brennen. Auch die Sternbilder werden von Hitze ergriffen. Phaethon wird bleich vor Entsetzen und lässt beim Anblick des spitzen Stachels des Skorpions aus Angst die Zügel fallen. Sein Gespann geht durch…

I Vorerschließung

1. Phaethon beharrt im Gespräch mit seinem Vater darauf, den Wagen lenken zu dürfen, obwohl dieser ihn ausdrücklich warnt. Erkläre und bewerte dieses Verhalten. Tipp: Der Einleitungstext hilft dir beim Beantworten dieser Frage.
2. Erschließe, welche Auswirkungen sein Verhalten auf den gesamten Erdball haben könnte. Nenne drei gefährdete Gruppen.

II Wortschatzübung

1. Ordne den lateinischen Vokabeln folgende deutsche Bedeutungen zu. Bestimme zudem das Genus bei allen lateinischen Substantiven:
   anzünden, glühen, Hitze, Rauch, Asche, Ofen

2. In dieser Wortschlange sind sechs Verben versteckt. Finde sie, gib deren Stammformen und je eine zentrale deutsche Bedeutung an.

III Grammatik

1. Kopfverben gesucht! Schreibe aus den folgenden Verben diejenigen heraus, von denen ein AcI abhängen kann, und gib von diesen je eine deutsche Bedeutung an:
   posse – aspicere – sentire – raptare – credere – trahere – velle

2. Der Ablativ – Ein vieldeutiger Kasus. Ordne folgenden Wendungen den richtigen Ablativ zu und übersetze sie:

   a) cunctis e partibus b) sanguine vocato c) involvitur fumo
   d) caligine tectus e) arbitrio raptatur f) [ferventesque auras] ore trahit

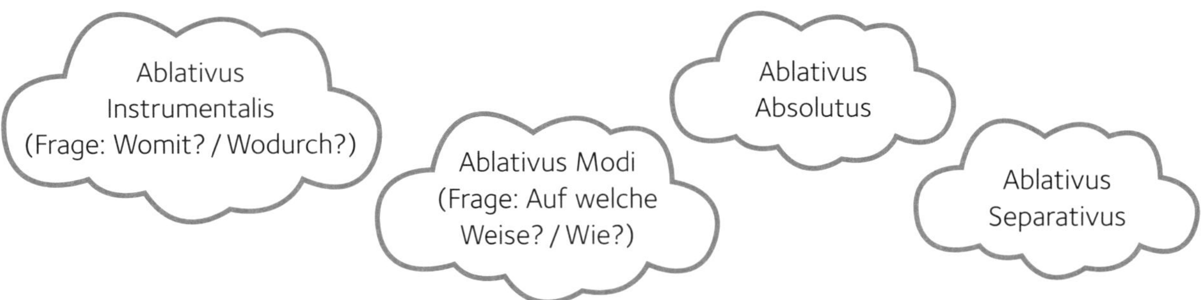

IV Leseverstehen

1. a) Der Weg durch den Himmel macht Phaethon schwer zu schaffen. Erschließe mithilfe der Tabelle, welche Gegebenheiten den Luftweg erschweren. Tipp: Nimm dir den lateinischen Text unter Punkt V zu Hilfe.

Lateinische Wendungen	**Erschwerende Gegebenheiten**
cineres / favillam (V. 231)	
calido … fumo (V. 232)	
picea caligine tectus (V. 233)	
arbitrio volucrum … equorum (V. 234)	

b) Finde anhand des folgenden lateinischen Verses heraus, welche Konsequenz diese Beschaffenheit des Luftweges für Phaethon hat:

quo(que) eat aut ubi sit nescit (V. 233f.). ______________________________

V Übersetzung

Erstelle mithilfe der poetischen Übersetzung von Janka eine textnähere eigene Übersetzung. Verwende dafür eigene Worte und gib die grammatischen Konstruktionen möglichst textgetreu wieder.

Ovid: Metamorphosen 2,227–236:
Tum vero Phaethon cunctis e partibus orbem
adspicit accensum nec tantos sustinet aestus
ferventesque auras velut e fornace profunda
ore trahit currusque suos candescere sentit;
et neque iam cineres eiectatamque favillam
ferre potest calidoque involvitur undique fumo
quoque eat aut ubi sit, picea caligine tectus
nescit et arbitrio volucrum raptatur equorum.
Sanguine tum credunt in corpora summa vocato
Aethiopum populos nigrum traxisse colorem.

Übersetzung (von Prof. Dr. Markus Janka):
Da aber sieht Phaethon auf allen Seiten die Erde
ganz in Flammen, sie brennt, nicht auszuhalten die Hitze,
siedend heiße Luft wie aus eines Backofens Tiefe
atmet er ein und am Wagen bei ihm ist Weißglut zu spüren.
Nicht mehr sind Aschenregen und heftig sprühende Funken
auszuhalten und heiß wird rings er ummantelt vom Qualmen.
Wohin er soll, wo er ist, im pechschwarzen Qualm gefangen,
weiß er es nicht, ein Spielball seiner geflügelten Pferde.
Blut sei damals, so glaubt man, zur Körpergrenze gebrodelt
bei Aethiopiens Volk, das Schwärze annahm als Hautton.

VI Interpretation

1. Den Wendepunkt einer dramatischen Handlung nennt man Peripetie. Begründe, warum man die vorliegende Stelle als Peripetie der Phaethon-Tragödie bezeichnen kann.
2. Finde heraus, welche Funktion die Verse 235 und 236 übernehmen, und beurteile diese vor dem Hintergrund der modernen Naturwissenschaft.

VII Handlungs- und produktionsorientierte Aufgaben

1. Versetze dich in die Lage des Vaters Sol und arbeite in fünf Sätzen eine kurze Standpauke für Phaethon aus, in der du deinen Sohn davon überzeugst, nicht auf die Erfüllung des Versprechens zu bestehen.
2. Zeichne einen Comic zum rasanten Flug des Phaethon, der aus vier bis sechs kleinen Einzelbildern besteht.

VIII Ovid als Schlüssel zum Verständnis von zeitlosen kulturellen Symbolen: Wenn ein Schwein durch den Himmel fliegt …

Das sprechende Schwein Gryllus wird im Roman *Schwein gehabt, Zeus!* von Paul Shipton eines Tages von Sibylle, der Orakel-Assistentin des Apollo, ausfindig gemacht. Es soll ihr helfen, eine Verschwörung des bösen Thanatos (=Tod) und des Chaos, die gegen die olympischen Götter gerichtet ist, zu verhindern: Der Gott des Todes möchte das einst von den Göttern gestürzte Chaos wieder an die Macht bringen, indem er Zeus in einen Menschen verwandelt und sterben lässt. Daher begibt sich Gryllus mit Sibylle auf eine lange und verrückte Odyssee durch die antike Welt und begegnet dabei u. a.: Feuer speienden Chimären, der rätselhaften Sphinx und einer echten rachsüchtigen Furie namens Gladys. Auch die Unterwelt wird von dem listigen Schwein erkundet, wo es auf die in einem Verlies eingesperrten Olympier trifft. Mithilfe von Athene, der Schutzgöttin aller Heroen, gelangt das Schwein wieder an die Erdoberfläche. Kurz darauf wird Zeus als Mensch in den Tod gestürzt. Sofort nutzt das Chaos diese Gelegenheit, die Macht an sich zu reißen. Es spaltet Delphi, die Mitte bzw. den Nabel der damaligen Welt, sodass die gesamte Erde auseinanderzubrechen droht. Da Gryllus den Weltuntergang verhindern will, leiht er sich von Sol den Wagen mit der glühend heißen Sonne aus und lötet das Weltall dadurch tollkühn wieder zusammen. Während dieser rasanten Fahrt muss er jedoch aufpassen, dass er nicht selbst zu einem saftigen Steak gegrillt wird:

Der Wagen zog ein bisschen nach links. Ich korrigierte die Zügel, sodass wir direkt auf den riesigen Riss im Himmel zusteuerten. Zwei der feurigen Pferde wieherten missbilligend. Sie wollten nicht in diese Richtung – wer konnte es ihnen verübeln? –, aber ich schaffte es, unseren Kurs zu halten. Die Zügel rauchten und brannten, während sie sich in meinem Mund eingruben, aber ich weigerte mich loszulassen. Die Hitze wurde unerträglich und der süßliche Geruch von geröstetem Schwein stieg mir in den Rüssel. Nicht mehr lange, und es würde nur noch ein Berg Schweinefett und ein Haufen gegrillter Rippchen von mir übrig sein. Es war, als würde ich am Spieß gebraten, doch ich zwang mich, die Zügel nicht fallen zu lassen. Ich war ein Schwein auf einer Mission. Um mich von der schrecklichen Hitze und den Schmerzen abzulenken, begann ich laut zu singen, wobei ich die Worte hinter den Zügeln zwischen den Mundwinkeln hervorpresste:

„Ein Schwein flog am Himmel herum,
dort war es sauheiß, wie dumm."

Sogar meine Stimme schien in dem lodernden Feuer des Wagens Blasen zu bilden und zu brechen. Aber jetzt war es nicht mehr weit. Wir waren unserem Ziel so nah, dass ich nichts mehr sehen konnte, außer dem wirbelnden Tanz des Nichts, das jetzt vor mir auftauchte. Im letzten Moment zog ich die Zügel rasch nach links, sodass die flammenden Pferde geradewegs über den Riss in der Welt flogen. Die Kurve war so eng, dass der Sonnenwagen weit ausscherte, direkt auf das Chaos zu, aus dem das Weltall entstanden war. Ich fuhr mit meinem Lied fort:

„Es wollte noch leben,
hatte so viel zu geben."

Shipton, Paul: Schwein gehabt, Zeus! Aus dem Englischen von Stephanie Menge, Frankfurt am Main: Fischer 2006, S. 244–245.

1. Nenne jeweils drei Gemeinsamkeiten und Unterschiede der beiden Schilderungen der rasanten Fahrt von Ovid und Shipton unter Einbezug von lateinischen und deutschen Belegstellen, welche die sengende Hitze ausdrücken.
2. Ermittle die Erzählperspektiven, aus denen in beiden Textauszügen die Sinneseindrücke geschildert werden. Beschreibe die Konsequenzen, die sich daraus für die Darstellungsweise des Ereignisses ergeben.
3. Erschließe unter Einbezug von Textbelegen, inwiefern die Variante von Shipton als Parodie auf Ovids Version angesehen werden kann und auf welche Weise Shipton Komik erzeugt.
4. Bei Shipton rettet ein unbedeutendes Schwein mithilfe des Sonnenwagens die Welt. Ermittle, welcher moderne Grundgedanke dahintersteckt.

Du bist schon fertig? → Zusatzaufgabe für Schnelle: Skandiere die ersten 5 Verse von Punkt V. Besprich deine Lösung dann mit einem Lernpartner.

Station 4: Perseus und Medusa – Wenn Blicke töten können …

Einleitung: Im Buch 4 der *Metamorphosen* rückt der Held Perseus in den Mittelpunkt. Dieser ist aus der Verbindung Jupiters mit der Königstochter Danae hervorgegangen, die der höchste Gott in Gestalt eines Goldregens verführt hat, während sie auf Anordnung ihres Vaters in einen Turm gefangen saß. Nach der Geburt des Kindes setzt König Akrisios Danae und Perseus in einer Kiste auf dem offenen Meer aus. Ein Orakel hat ihm nämlich prophezeit, dass der Sohn seiner Tochter ihn stürzen werde. Doch die beiden werden von dem Fischer Diktys in der Nähe der griechischen Insel Seriphos gerettet und Perseus wächst zu einem stattlichen Heros heran. Nach vielen anderen Abenteuern versteinert er mit dem Haupt der Medusa den das Weltgewölbe tragenden Atlas zu einem Gebirge, weil der Titan das Gastrecht verletzt hat. Mit seinen magischen Flügelschuhen tritt Perseus daraufhin den Rückflug in den Mittelmeerraum an. An der afrikanischen Küste fällt sein Blick auf die hübsche Andromeda, die als Strafe für die Prahlerei ihrer Mutter Kassiopeia an einen Felsen gefesselt worden ist und auf diese Weise einem gefährlichen Seeungeheuer namens Ketos ausgeliefert werden soll. Perseus verliebt sich auf den ersten Blick in die einzigartige Schönheit, befreit sie in einem heftigen Kampf aus den Fängen des Monsters und erhält sie schließlich als Belohnung von ihrem Vater Kepheus zur Ehefrau. Auf der Hochzeit erzählt er den staunenden Gästen von seinen früheren Heldentaten.

I Vorerschließung

1. Im lateinischen Text spielt das Fabelwesen der Medusa eine zentrale Rolle. Erkläre, wer diese bekannte Sagengestalt ist und was sie für gefährliche Eigenschaften hat.
2. Stelle eine Vermutung an, welchen Trick Perseus anwenden könnte, um sie zu besiegen. *Tipp:* Denke an den Spiegeleffekt.

II Wortschatzübung

1. Ordne den lateinischen Vokabeln folgende deutschen Bedeutungen zu und bestimme jeweils das Genus: Kopf – Schild – Schlange – Hals – Auge.

2. Sachfeld „sehen“: Markiere alle Wörter, die zum Sachfeld „sehen“ gehören, und übersetze sie: *adspicere, gerere, tenere, partiri usum unius luminis, vidisse, cepisse, visā Medusā, per agros, convertere, forma.*

III Grammatik

1. Partizip oder nicht? Schreibe alle Partizipien heraus und gib deren Infinitive mit einer deutschen Bedeutung an:
   iacentem – tutum – supposita – devia – abdita – horrentia – visa – horrendae – conversa – repercusso – natos

2. Führe folgende Infinitiv-Perfekt-Formen auf den Infinitiv Präsens zurück und gib je eine deutsche Bedeutung an.
   habitasse – cepisse – tetigisse – vidisse – adspexisse – eripuisse

IV Leseverstehen

Viele Ungeheuer begegnen Perseus auf seinem Weg.

1. Ordne diesen passende lateinische Beschreibungen zu, schreibe sie in die Tabelle und übersetze sie: *fugax (= flink) pennis; horrenda colubris; geminae sorores uno lumine utentes.*

2. Ordne ihnen dann passende „Wohnorte“ zu, schreibe sie in die Tabelle und übersetze sie: *horrentia saxa; collum et sanguis Gorgonis; locus sub gelido Atlante iacens*

Fabelwesen	**Attribute**	**Wohnort**
Phorcides = zwei hexenhafte alte Frauen, die Phorkyaden genannt werden		
Pegasus = Flügelpferd		
Medusa / Gorgo = Schlangenfrau		

V Übersetzung

Erstelle mithilfe der poetischen Übersetzung von Janka eine textnähere eigene Übersetzung. Verwende dafür eigene Worte und gib die grammatischen Konstruktionen möglichst textgetreu wieder.

Ovid: Metamorphosen 4, 772–786:

narrat Agenorides gelido sub Atlante iacentem
esse locum solidae tutum munimine molis;
cuius in introitu geminas habitasse sorores
Phorcidas unius partitas luminis usum;

id se sollerti furtim, dum traditur, astu
supposita cepisse manu perque abdita longe
deviaque et silvis horrentia saxa fragosis
Gorgoneas tetigisse domos passimque per agros
perque vias vidisse hominum simulacra ferarumque
in silicem ex ipsis visa conversa Medusa.
se tamen horrendae clipei, quem laeva gerebat,
aere repercusso formam adspexisse Medusae,
dumque gravis somnus colubrasque ipsamque tenebat,
eripuisse caput collo; pennisque fugacem
Pegason et fratrem matris de sanguine natos.

Übersetzung (von Prof. Dr. Markus Janka):
Da spricht der Ururenkel Agenors, am eisigen Atlasgebirge
liege ein Ort, ganz fest gesichert durch Mauern aus Felsen;
dort im Eingangsbereich sei die Wohnung der beiden Schwestern,
die von Phorkys entstammten und beide ein Augenlicht teilten.
Das habe er bei der Übergabe trickreich mit heimlich
untergeschobener Hand an sich genommen, durch fernes,
unwegsames, vom Waldesrauschen starrendes Felsland
sei er zu Gorgos Wohnung gelangt, ringsum auf den Feldern
und auf den Wegen sah er Phantome von Menschen und Tieren,
die zu Steinen erstarren ließ der Anblick Medusas.
Er aber habe das Ekel im Schild, den die linke Hand führte,
in einem bronzenen Spiegel gesehen, das Antlitz Medusas.
Als nun lastender Schlaf ihre Schlangen und sie (= Medusa) in Beschlag nahm,
habe er abgehauen den Kopf vom Hals, und der Flieger
Pegasus und sein Bruder entstanden aus Mutters Blutstrom.
Janka, Markus, in: Ovid zum Vergnügen, Reclam 2017, S. 102.

VI Interpretation

1. Der listenreiche Perseus. Finde heraus, welcher Tricks sich Perseus bedient, um einerseits die Phorkyaden zu überlisten und andererseits die Medusa zu besiegen. An welchen anderen griechischen Helden erinnert dich diese Art der Aufgabenbewältigung?
2. Beurteile, ob sich Perseus trotz der Anwendung verschiedener Listen als Held erweist.

VII Handlungs- und produktionsorientierte Aufgaben

1. Zeichne einen Comic zur Enthauptung der Medusa durch Perseus, der aus vier bis sechs Einzelbildern besteht.
2. Versetze dich in die Lage von Medusas Schwestern und formuliere eine Anklageschrift gegen Perseus anhand von fünf Sätzen.

VIII Ovid als Schlüssel zum Verständnis von zeitlosen kulturellen Symbolen: Wenn Medusa einen eigenen Statuenladen betreibt ...

Der Teenager Percy Jackson ist in dem gleichnamigen und weltbekannten Fantastik-Roman ein notorischer Schulversager und lebt zusammen mit seiner Mutter Sally und seinem unfreundlichen und stinkenden Stiefvater Gabe in einer kleinen Wohnung in New York. Eines Tages erfährt er, dass er der Sohn des Meeresgottes Poseidon ist und daher in ein Camp speziell für Halbgötter mit übernatürlichen Fähigkeiten ziehen darf. Dort lernt er schnell neue Freunde kennen und muss sich bald auf eine gefährliche Reise in die Unterwelt begeben, weil er den verschollenen Herrscherblitz des Zeus finden möchte, um die sich streitenden Götter vor einem Krieg zu bewahren. Im Rahmen seiner vielseitigen Abenteuer gelangt Percy mit seinen Weggefährten Annabeth, der klugen Tochter der Athene, und dem humorvollen Satyr Grover in einen abgelegenen Statuenladen, wo sich täuschend echte Abgüsse von Menschen befinden. Es stellt sich heraus, dass Tante Em, die anfangs überfreundliche Besitzerin des Ladens, in dem es auch Fastfood zu essen gibt, in Wirklichkeit die schreckliche schlangenhaarige Medusa ist, die ihre Statuensammlung aus ökonomischen Gründen erweitern möchte ...

Ich [= Percy] schaute zur Seite und sah eine dieser Glaskugeln, die es in vielen Gärten gibt, eine Kristallkugel. Ich konnte im orangefarbenen Glas Tante Ems [= Medusa] dunkles Spiegelbild sehen; ihr Schleier war verschwunden und entblößte ihr Gesicht, einen schimmernden bleichen Kreis. Ihre Haare bewegten sich, sie wanden sich wie Schlangen.
Tante Em. Tante „M". Wie hatte ich nur so dumm sein können? Nachdenken, ermahnte ich mich. Wie ist Medusa im Mythos gestorben?
Aber ich konnte nicht denken. Mir war, als habe Medusa in der Sage geschlafen, als sie von meinem Namensvetter Perseus angegriffen worden war. Jetzt schlief sie aber ganz und gar nicht. Wenn sie gewollt hätte, hätte sie sofort ihre Krallen ausfahren können.
„Das hat die Grauäugige mir angetan, Percy", sagte Medusa und hörte sich überhaupt nicht wie ein Ungeheuer an. [...] „Annabeths Mutter, die verfluchte Athene, hat mich aus einer schönen Frau in das hier verwandelt."

Riordan, Rick: Percy Jackson. Diebe im Olymp. Aus dem Englischen von Gabriele Haefs, Hamburg: Carlsen 2006, S. 216–217.

1. Ein Mythos – viele Varianten: Im Roman und Film wird Percy als Sohn des Poseidon dargestellt. Recherchiere in einem Mythenlexikon nach seiner Abstammung und seiner Kindheit und fasse deine Erkenntnisse zusammen. Erschließe dann, warum Roman und Film von der Vorlage abweichen.
2. Im Roman (und Film) wird Medusa nach einer Verfolgungsjagd geköpft. Ermittle anhand des abgedruckten Textes, wie sie in Ovids Version besiegt wird. Erschließe, warum der Autor Rick Riordan von der literarischen Vorlage abweicht.
3. Medusa gesteht Percy im Roman (und Film), dass sie eine Affäre mit seinem Vater hatte. Recherchiere im Mythenlexikon, was die „Liebschaft" mit Poseidon mit ihren Schlangenhaaren zu tun hat.
4. Nenne anhand der abgedruckten Texte von Ovid und Riordan drei Gründe, warum sich der Medusa-Mythos in vielfältiger Weise für Verwandlungsgeschichten eignet.

Optional: Frage speziell zum Film:
5. Beurteile, ob die Figur der Medusa und die Verfolgungsjagd visuell gelungen umgesetzt werden.

Du bist schon fertig? → Zusatzaufgabe für Schnelle: Skandiere die ersten 5 Verse von Punkt V. Besprich deine Lösung dann mit einem Lernpartner.

Station 5: Theseus und Minotaurus – Wenn ein Faden der letzte Ausweg ist …

Einleitung: Im 7. und 8. Buch erzählt Ovid die Geschichten der Helden, die sich vor dem trojanischen Krieg ereignet haben. Eine Schlüsselrolle spielt dabei Theseus, der „athenische Herkules". Als er zu einem jungen Mann herangewachsen ist, bricht er zu seinem Vater, dem König Aigeus, nach Athen auf. Auf dem Weg dorthin vollbringt er seine ersten legendären Taten: Er befreit die Menschheit von den gemeingefährlichen Wegelagerern Sinis, dem Fichtenbeuger, Prokrustes, dem Gliederstrecker, und Skiron, dem Felsenschubser. Als er in Athen ankommt, nimmt ihn sein Vater voller Freude auf. Doch schon bald erfährt Theseus, dass Athen ein schweres Los zu tragen hat: Nach der Niederlage im Krieg gegen König Minos von Kreta muss die Stadt zur Strafe alle neun Jahre sieben Jünglinge und sieben Jungfrauen nach Kreta als Tribute schicken. Diese werden ausgelost und dem Stiermenschen Minotaurus zum Fraß vorgeworfen. Das Monster trübt jedoch den Ruhm von König Minos, weil es aus einem Ehebruch seiner Frau mit einem prächtigen Stier hervorgegangen ist. Diese Schande sucht der König um jeden Preis zu verbergen…

I Vorerschließung

1. Versetze dich in Minos' Lage: Nenne eine Möglichkeit, auf welche Weise du den Minotaurus verstecken könntest.
2. Versetze dich in Theseus' Lage: Überlege dir, wie du Athen aus dieser misslichen Lage heraushelfen könntest.

II Wortschatzübung

1. Ordne den lateinischen Vokabeln folgende deutsche Bedeutungen zu und ermittle die Genera der Substantive:
   Weg – Umweg – Dach / Haus – Palast – Faden – Wegweiser – verwirren – Eingang

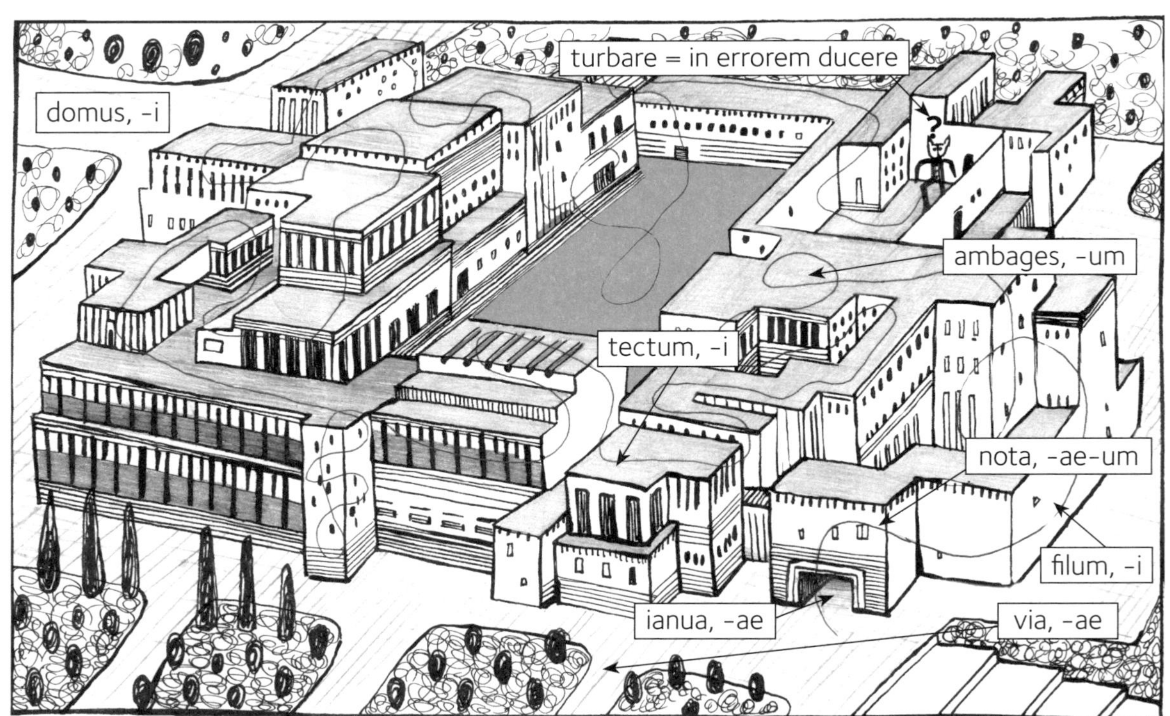

2. Ein Verb – viele Bedeutungen. Ordne die genaue Bedeutung von *ponere* aus dem jeweiligen Kontext zu:
errichten – beenden – aufstellen – hinlegen

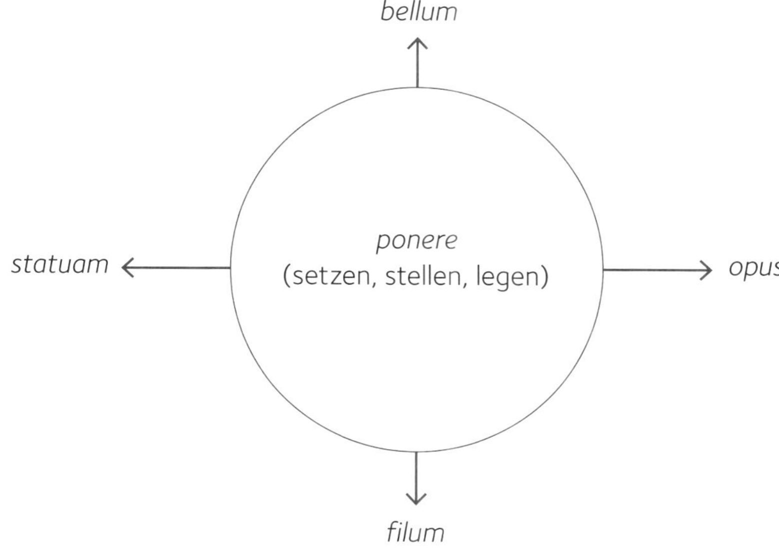

III Grammatik

1. Dichterische Freiheit. Im lateinischen Text von Ovid sind mehrere Hyperbata (= ________________ ____) enthalten.

   Markiere in den folgenden Bausteinen diejenigen Wörter, die zusammengehören (KNG!). Setze dann die Buchstaben in Klammern zusammen und du erhältst bei richtiger Zuordnung ein Lösungswort. Übersetze schließlich die Wendungen.

A) filo (V. 173)	*1) tectis (U)*
B) hunc (V. 157)	*2) novenis (O)*
C) fabrae (V. 159)	*3) monstrum (T)*
D) annis (V. 171)	*4) relecto (M)*
E) pastum (V. 170)	*5) figuram (S)*
F) monstri (V. 156)	*6) sanguine (U)*
G) caecis (V. 158)	*7) biformis (A)*
H) foedum (V. 155)	*8) artis (N)*
I) Actaeo (V. 170)	*9) adulterium (R)*
J) geminam (V. 169)	*10) pudorem (I)*

2. Ein labyrinthischer Satz. Analysiere den langen Satz: V. 169–176, indem du Subjekte und Prädikate in die Lücken der folgenden Strukturierung mithilfe von Punkt V einträgst:

Nebensatz 1: *Quo postquam ...* ________________ (Prädikat 1) et ____________________________

(Subjekt) ... ________________ (Prädikat 2) ... *novenis,*

Nebensatz 2: *utque ...* ____________________ (Subjekt) ____________________ (Prädikat) *relecto,*

Hauptsatz: *protinus ...* __________________ (Subjekt) ... *vela* __________________ (Prädikat 1) ...

____________________ (Prädikat 2).

IV Leseverstehen

1. Der Minotaurus ist ein ganz sonderbares Geschöpf. Finde treffende Ausdrücke dafür, wie Ovid sein Aussehen, seine Wirkung und seine Herkunft beschreibt:

Lateinische Wendungen	Bezeichnungen für den Minotaurus und Urteil über das Fabelwesen
opprobrium (V. 155)	
foedum ... adulterium (V. 155–156)	
monstri novitate biformis (V. 156)	

2. Erläutere, wessen Sichtweise Ovid auf diese Weise psychologisch beleuchtet.

V Übersetzung

Übersetze unter Zuhilfenahme der Wortangaben treffend:

Ovid: Metamorphosen 8, 155–161; 169–176a:

creverat opprobrium generis, foedumque patebat
matris adulterium monstri novitate biformis;
destinat hunc Minos thalamo removere pudorem
multiplicique domo caecisque includere tectis.
Daedalus ingenio fabrae celeberrimus artis
ponit opus turbatque notas et lumina flexum
ducit in errorem variarum ambage viarum...

Quo postquam geminam tauri iuvenisque figuram
clausit et Actaeo bis pastum sanguine monstrum
tertia sors annis domuit repetita novenis,
utque ope virginea nullis iterata priorum
ianua difficilis filo est inventa relecto,
protinus Aegides rapta Minoide Diam
vela dedit comitemque suam crudelis in illo
litore destituit. …

155 *opprobrium, -i* (n): Vorwurf, Schande; *genus:* (hier) Königsgeschlecht; *foedus = turpis;* **156** *adulterium, -i* (n): Ehebruch; *bi-formis:* zweigestaltig; **157** *thalamus, -i* (m): Schlafgemach; Ergänze: e(x); **158** *multiplex:* verwinkelt; *caecus, -a, -um:* (hier) finster; **159** *faber, -bra, -brum:* Handwerks-; **160** *ponere:* (hier) bauen; *nota, -ae* (f): (hier) Wegweiser; *lumen, -minis* (n): (hier) Auge; **161** *error, -oris* (m): (hier) Irrgang; *ambages, -um* (f): (hier) Verwinkelungen; **169** *quo: in labyrintho; geminus* „doppelt, Misch- "; **170** *Actaeo sanguine = sanguine iuvenum Atheniensium; pascere:* nähren; **171** *tertia sors* (f): (hier) Theseus als das dritte, wiederholte Los/Tribut; *repetita annis novenis:* das nach je neun Jahren wiederholte; **172** *ut: sobald; ope virginea:* (hier) durch die Hilfe der Jungfrau Ariadne; *iterare:* (hier) wiederfinden; *priorum:* (hier) der früheren Opfer; **173** *filum relegere* „den Faden von hinten aufrollen"; *ianua, -ae:* Eingang; *difficilis, -e:* (hier) versteckt; **174** *Aegides* (m): „Sohn des Aegeus": Theseus; *Minois, -idos* (f) „Tochter des Minos": Ariadne; *Diam:* zur Insel „Naxos"; **175** *vela dare:* „absegeln"; *comes, -itis* (f): Gefährtin; **176** *destituere = relinquere*

VI Interpretation

1. Erkläre, welche Rolle Daedalus in dem Textauszug spielt, und finde in diesem Zusammenhang unter Anführung eines lateinischen Textbelegs heraus, wie dessen Bauwerk gestaltet ist.
2. Beurteile anhand von ca. drei Sätzen den Umgang des Minos mit seinem ungewöhnlichen „Stiefsohn" aus heutiger Sicht.

VII Handlungs- und produktionsorientierte Aufgaben

1. Versetze dich in die Lage des Theseus: Schreibe einen kurzen Brief (5 Sätze) an Prinzessin Ariadne, die Tochter des Minos, in dem du sie um Hilfe für dein Vorhaben bittest, den Minotaurus zu besiegen. Beziehe dabei mit ein, dass Minotaurus der Halbbruder der Ariadne ist.
2. Zeichne einen Comic zum Sieg des Theseus über den Minotaurus (ca. 4 kleine Bilder). Baue an passender Stelle lateinische Wendungen aus Punkt V ein.

VIII Ovid als Schlüssel zum Verständnis von zeitlosen kulturellen Symbolen: Wenn Theseus zum Feind wird …

Der Prophet Seshmosis, der in Scherms Fantasy-Roman *Die Irrfahrer* sein Volk der Tajarim aus den Fängen der Ägypter mithilfe des Gottes „Gott Ohne Namen" befreit hat, bricht zusammen mit seinen Gefährten von der Metropole Byblos nach Kreta auf, um die fremdartige Schrift auf einem mysteriösen Medaillon entziffern zu lassen. In diesem Zusammenhang lernt er im kretischen Palast des Minos nicht nur den ehrwürdigen König selbst kennen, sondern auch seine hilfsbereite Tochter Ariadne. Durch eine Intrige des Theseus, der unbedingt über das Medaillon verfügen will, weil sein Besitzer der Nachfolger des Königs Minos wird, wird Seshmosis im Labyrinth des Minotaurus eingesperrt. Dort lernt er nicht nur Daedalus, den Erschaffer des Labyrinths, kennen, sondern auch den freundlichen Minotaurus, der – wie sich herausstellt – ein Vegetarier ist. Theseus erweist sich in diesem Zusammenhang als ruhmsüchtiger Held, der mit allen Mitteln neuer König werden möchte. Daher nutzt er auch die gutmütige Ariadne aus, indem er sie bittet, ihr bei der Vernichtung des Minotaurus zu helfen.

»Bitte, Ariadne, bitte hilf mir!«, flehte Theseus. »Ich muss unbedingt ins Labyrinth.«
»Aber was willst du dort, mein Geliebter? Es ist ein schrecklicher Ort.«
»Ich muss ein Zeichen setzen. Ich muss den Minotaurus erschlagen!«
»Aber Asterion ist doch mein Bruder. Und er tut niemandem etwas zuleide.«
»Das glaubt doch keiner außer dir, und es ist auch völlig egal. Wichtig ist, was die ganze Welt denkt. Und die Welt denkt, dass der Minotaurus ein kinderverschlingendes Ungeheuer ist. Das ist die Realität! Wenn ich ihm den Garaus mache, ernte ich den Ruhm des Befreiers. Das wird der Grundstein für meine Heldenkarriere!«
Theseus suhlte sich in der Vorfreude auf seinen künftigen Heldenstatus.
»Aber er ist doch mein Bruder!«, jammerte Ariadne.
»Dein Halbbruder! Er ist ein Bastard, das Produkt eines ruchlosen Ehebruchs. Der Minos wird mir dankbar sein, wenn ich diese Schande endlich tilge, und mir umso lieber deine Hand geben.«
»Ich mag ihn aber!«, rief die Prinzessin trotzig.

Scherm, Gerd: Die Irrfahrer, München: Heyne 2007, S. 182–183.

1. Beschreibe unter Einbezug von vier Belegstellen, wie Theseus bei Ovid und Scherm jeweils als Held dargestellt wird.
2. Erörtere die Unterschiede der beiden Texte von Ovid und Scherm in der Darstellung des Minotaurus. Führe dazu je zwei lateinische bzw. deutsche Belegstellen an. Beschreibe die Wirkung, die dabei beim Leser erzeugt wird. Überlege dir, welcher moderne Gedanke dahinterstecken könnte.
3. Lege dar, inwiefern Scherms moderne Version als ‚Mythenkorrektur' bezeichnet werden kann. Erkläre dann aus diesem Zusammenhang, was unter diesem Begriff allgemein zu verstehen ist.

Station 6: Herkules und Cerberus – Wenn ein Geschöpf der Unterwelt an die Oberwelt gezogen wird …

Einleitung: Im siebten Buch rückt zunächst die berühmte Zauberin Medea in den Fokus des Geschehens. Nachdem sie dem griechischen Helden Jason, in den sie sich Hals über Kopf verliebt hatte, geholfen hat, das Goldene Vlies in Kolchis zu rauben, verlässt sie mit diesem ihre Heimat und segelt nach Thessalien in Mittelgriechenland. Dort nimmt Jason sie zur Frau. Doch nach einigen Ehejahren wird sie bitter enttäuscht. Jason wendet sich einer anderen jüngeren Frau namens Kreusa zu. Aus Rache verzaubert Medea nicht nur Kreusas Kleid, sodass diese bei lebendigem Leib verbrennt, sondern tötet auch ihre eigenen Kinder. Nach dieser blutigen Schandtat flieht sie nach Athen und findet dort bei König Aigeus, dem Vater des berühmten Theseus, Asyl. Theseus ist außerhalb von Athen aufgewachsen und kehrt eines Tages als junger Mann in seine Heimat zurück. Medea empfindet diesen jedoch als Bedrohung und versucht ihn mit einem sehr wirksamen Gift namens Eisenhut zu ermorden. Im letzten Moment erkennt jedoch der Vater Aigeus seinen Sohn Theseus an seinem Schwert, das er ihm als Baby als Insignie zurückgelassen hat, und kann die Tötung seines eigenen Sohnes im letzten Moment verhindern. Doch auf welche Weise das gefährliche Gift des Eisenhuts überhaupt entstanden ist, gibt Ovid in den *Metamorphosen* (7,404–420) eine präzise Antwort.

I Vorerschließung

1. Stelle eine Vermutung an, woher das Gift stammen könnte. Tipp: Denke an die Unterwelt und betrachte das Bild unter II.
2. Finde drei Gründe, warum Aigeus seinem eigenen Sohn den Becher mit Gift reicht.

II Wortschatzübung

1. Stelle ein Sachfeld mit mindestens 5 Substantiven zum Thema Familie und Nachkommenschaft zusammen.
2. Ordne folgenden lateinischen Vokabeln die deutsche Bedeutung mithilfe der Zeichnung zu und bestimme die Genera der Substantive:
   Zahn – durch Stahl verbundene Ketten – dreifaches Bellen – weißer Geifer – Auge – Hund

III Grammatik

1. a) Von *memorant* (V. 408) und *putant* (V. 416) hängt jeweils ein AcI ab. Ermittle die Subjekte der AcIs und die dazugehörigen Infinitive.
   b) Kläre dann den inhaltlichen Bezug der Pronomina mit Blick auf den jeweils vorhergehenden Satz.
2. Alles relativ. Markiere im Punkt V mindestens drei Relativpronomen oder relativische Satzanschlüsse und ermittle dann deren Bezugswörter.

IV Leseverstehen

1. Wer umschreibt, der bleibt. Übersetze folgende Wendungen und ermittle aus dem Kontext oder mithilfe eines Lexikons, welche Figuren oder Orte mit diesen epischen Umschreibungen gemeint sind:

Lateinische Umschreibung	Deutsche Übersetzung	Konkretisierung
Scythica ora (V. 407)		
Echidnaea canis (V. 408 / 409)		
Tirynthius heros (V. 410)		
coniunx (V. 419)		

2. Mythologische Orte. Recherchiere, was mit *bimarem Isthmon* (= Doppelmeer-Isthmos, V. 405) gemeint ist. Finde heraus, welche Heldentaten Theseus dort vollbracht hat.

V Übersetzung

Übersetze unter Zuhilfenahme der Wortangaben treffend:

Ovid: Metamorphosen 7,404–420:
Iamque aderat Theseus, proles ignara parenti,
qui virtute sua bimarem pacaverat Isthmon:
huius in exitium miscet Medea, quod olim
attulerat secum Scythicis aconiton ab oris.
illud Echidnaeae memorant e dentibus ortum
esse canis: specus est tenebroso caecus hiatu,
est via declivis, per quam Tirynthius heros
restantem contraque diem radiosque micantes
obliquantem oculos nexis adamante catenis

Cerberon abstraxit, rabida qui concitus ira
inplevit pariter ternis latratibus auras
et sparsit virides spumis albentibus agros;
has concresse putant nactasque alimenta feracis
fecundique soli vires cepisse nocendi;
quae quia nascuntur dura vivacia caute,
agrestes aconita vocant. Ea coniugis astu
ipse parens Aegeus nato porrexit ut hosti.

404 *proles, -is* (f) = Nachkomme; **405** *pacare* = befrieden; **406** *in* (hier) = für; **407** *aconitum/aconiton* (n) = Eisenhutgift; **408** Übersetze zusammen: *Echidnaeae canis* (Das schlangenhafte Ungeheuer Echidna gilt als Mutter dieses dreiköpfigen Hundes.); **409** *specus caecus* und *tenebroso hiatu; hiatus, -us* (m) = Schlund; *specus, -us* (m) = Höhle; *caecus, -a, -um* = finster; **410** *declivis, -e* = abschüssig, steil; **411** *restantem […] Cerberon; micare* = schimmern; *Tirynthius heros* = Tirynthischer Halbgott; *radius, -i* (m) = Sonnenstrahl; *micare* = blitzen; **412** *obliquare* = krümmen; Übersetze zusammen: *nexis catenis; nectere* = mit Ketten verbinden; *adamas, adamantis* (m) = Stahl; **413** *concitus ira rabida* = sehr zornig erregt; **414** *ternis latratibus* = durch dreifaches Gebell; **415** *viridis, -e* = grünlich; *spuma, -ae* (f) = Schaum; *albere* = weiß sein; **416** *has* = *spumas; putant* + AcI; *concresse* = *concrevisse; concrescere* = verhärten, fest werden; *nactas (esse); nancisci* = erlangen; *alimentum, -i* (n) = Nahrung; *ferax, -acis* = ertragreich; **417** *fecundus, -a, -um* = fruchtbar; *solum, -i* (n) = Boden; **418** *cautes, -is* (f) = Felsen; *vivax, -acis* = lebendig; **419** *ea* = *aconita; agrestis, -is* (m) = Bauer; *astus, -us* (m) = List; **420** *natus, -i* (m) = Sohn; *porrigere* = darreichen.

VI Interpretation

1. Stelle Vermutungen darüber an, warum Medea Theseus vergiften lassen möchte. Schließe aus ihrem Verhalten unter Anführung eines lateinischen Textbelegs, wie Ovid diese Figur darstellt.
2. Mit dem Begriff Aitiologie wird eine Ursprungserklärung von Städtegründungen und Erscheinungen der Natur bezeichnet. Erkläre in zwei Sätzen, inwiefern es sich bei dem vorliegenden Text um eine Aitiologie handelt.

VII Handlungs- und produktionsorientierte Aufgaben

1. Recherchiere, wie Eisenhut heutzutage in der botanischen Fachsprache heißt und wie er aussieht. Zeichne dann das Unkraut. Wozu wird er heutzutage noch verwendet?
2. Versetze dich in die Lage von Aigeus: Schreibe in fünf Sätzen dessen Gedanken zu dem Augenblick auf, als er erkennt, dass sein Sohn vergiftet werden soll.
3. Zeichne einen Comic, in dem sowohl die Begegnung zwischen Aigeus und Theseus als auch der Sieg des Herkules über Cerberus enthalten ist. Verwende dazu lateinische Bildunterschriften aus dem Textauszug von Ovid.

VIII Ovid als Schlüssel zum Verständnis von zeitlosen kulturellen Symbolen: Wenn plötzlich die frustrierte Frau des Höllenhundes auftaucht …

Der Hund ‚Kaffeekanne' wurde in Kraussers Roman *Die wilden Hunde von Pompeii* im Pompeii der Moderne ausgesetzt und muss sich dort als heimatloser Streuner durchschlagen. Doch bevor er sich an diesem Ort richtig zurechtfindet und die konkurrierende Hundebande der Outlaws besiegen kann, steigt er mit seiner Gefährtin, der Hundedame Grippi, in eine Höhle nach Unterird hinab, wo früher die griechische Unterwelt situiert gewesen ist. Dort treffen sie auf die geschwätzige Cerbera.
Als verlassene Gattin des legendären Wächterhundes Cerberus fristet sie ein einsames und tristes Leben in der Unterwelt, das nur dann eine willkommene Abwechslung erfährt, wenn Cerbera auf

Besucher stößt, die sie mit Neuigkeiten versorgen. Cerbera entspricht der dringenden Bitte der beiden Hunde und weist ihnen den Weg ins Innere des Vesuvs, wo die beiden Hunde einen erneuten Vulkanausbruch verhindern müssen. Cerbera bleibt sodann frustriert in Unterird zurück.

Cerbera schreckte hoch in ihrer schmalen, mit Mumienleder ausgekleideten Felsspalte. Irgendetwas hatte sie aus ihrem Dämmerzustand gerissen. Das klang nach – sie mochte es kaum glauben. Eindeutig Geräusche organischen Ursprungs. Ängstliches Winseln. Ganz in der Nähe. Praktisch Musik. So gut wie Musik. Ein Orchestertusch mitten hinein in das endlose, furchtbare Schweigen. Cerbera hielt den Atem an. Cerberus war die Aufgabe übertragen gewesen, all jene Schatten zu fressen, die aus dem Hades lieber wieder hinauswollten. Das tat er. Wo sein Speichel auf den Boden fiel, wuchs giftiger blauer Eisenhut, eine der wenigen Pflanzen in Unterird. Er galt als grausam und unbestechlich, wurde gefürchtet und gehasst – dennoch liebte er seine Gattin fast ein Dutzend Jahrhunderte lang. Danach eben nicht mehr. Die Höllenhündin war ein bedauernswertes Überbleibsel. Als die gilbfleckig gewordene Antike vom frühen Mittelalter abgelöst wurde, war Cerebra das von niemandem mitgeteilt worden. Alle alten Götter, mit ihnen ihr gesamtes Inventar an Medusen, Sphinxen, Harpyien, Zentauren, Basiliken und anderen Fabelwesen, räumten resignativ das Meer, die Erde, selbst den Hades, wie Unterird damals noch genannt wurde. Nur Cerebra blieb übrig, rotäugig und feist. Neben ihrem sehr viel prominenteren Gatten hatte sie ein echtes, kaum je irgendwo erwähntes Schattenleben geführt. Als der Hades aufgegeben und geräumt wurde, hatte Cerberus die Gelegenheit genutzt, seine ihm überdrüssig gewordene Frau loszuwerden, beziehungsweise zurückzulassen. Alles hatte seine Zeit auf Erden, darunter ist es nicht anders. Mit den Göttern waren auch die Seelen der Verdammten verschwunden, in irgendein Reservat jenseits des Sternenhimmels, und die einsam zurückgebliebene Höllenhündin überwachte seither ein Vakuum, das kaum überwacht zu werden brauchte. Das ihr andererseits wenig Mühe machte. Auch Cerbera besaß, genau wie ihr zu den Sternen versetzter Gatte, drei Köpfe.

Krausser, Helmut: Die wilden Hunde von Pompeii. Eine Geschichte, Reinbek: Rowohlt 2004, S. 198–199.

1. Vergleiche Ovids Cerberus-Schilderung mit Kraussers Cerbera-Darstellung. Finde zudem heraus, welche Funktion die Veränderungen haben.
2. Finde (ggf. mithilfe eines Lexikons) heraus, wer der tirynthische Halbgott ist (V. 410) und weshalb er Cerberus aus dem Hades gezerrt hat. Recherchiere zudem, wo Scythien und der Isthmos liegen.
3. Schlage den Begriff „Echidna" (Vgl. V. 408; echidnäisches Gift) nach und ermittle, in welcher Verbindung er zu Cerberus steht. Recherchiere zudem folgende Begriffe aus dem Textauszug *Die wilden Hunde von Pompeii*: „Medusa", „Sphinx", „Harpyie", „Kentaur" und „Basilisk".

Du bist schon fertig? → Zusatzaufgabe für Schnelle: Skandiere die ersten 5 Verse von Punkt V. Besprich deine Lösung dann mit einem Lernpartner.

Station 7: Abschlussquiz: Die Metamorphosen in der Kunst

1. a) Ordne den von dir behandelten Stationen zu Ovids *Metamorphosen* folgende Bilder zu.
   b) Begründe jeweils deine Antwort, indem du beschreibst, welche Szene aus dem Mythos auf dem Bild dargestellt ist.

2. Du bist schon eher fertig? Dann wähle eine Szene aus den besprochenen Mythen aus und zeichne diese oder schreibe eine der behandelten Mythen zu einer eigenen modernen Kurzgeschichte nach Vorbild der aktuellen Literatur um.

3. Stelle dein Ergebnis zum Schluss in der Klasse vor. Deine Klassenkameraden sollen erraten, welche Szene du gezeichnet bzw. umgeschrieben hast.

4. Klebt alle von euch erstellen Bilder und Erzählungen, nach Schwerpunkten sortiert, auf Plakate und hängt sie im Klassenzimmer auf. Präsentiert diese Plakate euren Mitschülern.

Bild 1:

Shutterstock.com/BlackMac

Bild 2:

2000-2006 Adobe Systems/declarmat

Bild 3:

Shutterstock.com/Maykova Galina

Bild 4:

Shutterstock.com/Everett Collection

Bild 5:

Shutterstock.com/Stefano Chiacchiarini

Bild 6:

Shutterstock.com/Oleg Golovnev

Station 8 (Bonus): Arachne und Athene – Wenn die Weberin webt, dass sich Zeus mit dem Blitz in den Fuß schießt …

Einleitung: Minerva (griech. Pallas Athene) hat im 5. Buch in einer Erzählung mit angehört, wie die Musen die hochmütigen Töchter des stolzen Pieros in einem Sängerwettstreit besiegt und in Elstern verwandelt haben. Dadurch fühlt sich die Göttin zu Beginn des 6. Buches dazu angeregt, gegen ihre leistungsstärkste Konkurrentin in der Webkunst vorzugehen: Arachne aus Lydien. Diese stammte zwar aus einfachen Verhältnissen, erwarb aber durch ihre außerordentliche Fertigkeit im Weben so großen Ruhm in ganz Lydien, dass selbst Nymphen kamen, um sie bei der Arbeit zu beobachten oder die von ihr geschaffenen Malereien zu bewundern. Daher rühmte sie sich im ganzen Land, dass sie selbst Minerva, die Erfindern der Webkunst, bei einem Wettstreit besiegen würde. Minerva erscheint daraufhin bei Arachne persönlich in Gestalt einer alten Frau und gibt ihr die Chance, die Göttin für ihren Hochmut um Verzeihung zu bitten. Doch diese verhöhnt Minerva vor der alten Frau. Da zeigt sich Minerva wutentbrannt in ihrer wahren Gestalt und fordert Arachne zu einem Duell der Weberinnen heraus. Beim Wettstreit provoziert Arachne Minerva dadurch, dass sie alle Freveltaten der Götter gestochen scharf in ihren Teppich einwebt. Dabei vereint sie mehrere kleine Bilder in einer lockeren Komposition. Minerva hingegen stellt die olympischen Götter erhaben dar und bebildert Bestrafungen von Menschen, die mit Göttern in Konkurrenz zu treten wagten. Den Saum ihres Teppichs bilden Zweige des Olivenbaumes. Arachnes Webbilder zeigen dagegen lüsterne Götter, die oft die abenteuerlichsten (Tier-)Gestalten annehmen, um menschliche Frauen zu verführen. Die künstlerische Vollendung von Arachnes frevelhaftem Gewebe versetzt Minerva in rasenden Zorn …

I Vorerschließung

1. Stelle Vermutungen darüber an, warum Arachne der Meinung ist, dass sie besser als Minerva weben könne.
2. Erkläre, warum Minerva Arachne persönlich aufsucht und sich dabei zunächst nicht zu erkennen gibt.

II Wortschatzübung

1. Ordne den Körperteilen die zutreffenden Bedeutungen zu und ermittle deren Genera: Haare – Bauch – Nase – Kopf – Finger – Ohr – Bein – Seite – Körper – Kehle

2. Ordne den Teilen der Spinne die treffenden lateinischen Vokabeln zu und ermittle deren Genera: dünner Finger – das Gewebe – Faden – sehr kleiner Kopf – Spinne

III Grammatik

1. Partizipien gesucht! Ermittle aus den folgenden Sätzen alle Partizipien und nenne ihre Infinitive.
   a) *Pendentem Pallas miserata levavit / atque ita … dixit* (135f.)
   b) *Post ea discedens sucis … / sparsit, et extemplo tristi medicamine tactae / defluxere comae* (139–141)
2. Imperative gesucht!
   a) Ermittle in den folgenden berühmten Worten, die Minerva an die frevelhafte Arachne richtet, alle Imperative (I+II) und führe sie auf deren Infinitive zurück:
   „Vive quidem, pende tamen, improba", dixit, „lexque eadem poenae, ne sis secura futuri, dicta tuo generis serisque nepotibus esto!" (136–138)
   b) Bilde nun die Imperative I (Sg. und Pl.) folgender Verben:
   tenere, levare, remittere

IV Leseverstehen

1. Finde heraus, was Ovid mit *caelestia crimina* (V. 131) meint. Gib Beispiele aus deinem eigenen mythologischen Wissen oder aus den *Metamorphosen* an.
2. Recherchiere mithilfe des Lexikons, was mit folgenden Begriffen/Wendungen gemeint ist: *Livor* (V. 129), *Cytoriaco monte* (V. 132), *Idmoniae Arachnes* (V. 133) und *Hecateidos herbae* (V. 139).

V Übersetzung

Übersetze unter Zuhilfenahme der Wortangaben treffend:

Ovid: Metamorphosen 6,129–145:
Non illud Pallas, non illud carpere Livor
possit opus: doluit successu flava virago
et rupit pictas, caelestia crimina, vestes,
utque Cytoriaco radium de monte tenebat,

ter quater Idmoniae frontem percussit Arachnes.
Non tulit infelix laqueoque animosa ligavit
guttura. Pendentem Pallas miserata levavit
atque ita: „Vive quidem, pende tamen, improba", dixit,
lexque eadem poenae, ne sis secura futuri,
dicta tuo generi serisque nepotibus esto!"
Post ea discedens sucis Hecateidos herbae
sparsit, et extemplo tristi medicamine tactae
defluxere comae, cum quis et naris et aures,
fitque caput minimum, toto quoque corpore parva est;
in latere exiles digiti pro cruribus haerent,
cetera venter habet, de quo tamen illa remittit
stamen et antiquas exercet aranea telas.

129 *Pallas, -adis* (f): Beiname der Athene; *Livor, -oris* (m): Neid; *carpere:* (hier) zerpflücken, kritisieren; **130** *successus:* Vgl. engl. success; *flava virago* = *flava virgo* (damit ist die blonde Athene gemeint); **131** *rumpere:* zerreißen; **132** *Cytoriacus mons:* Berg Kytoros in Paphlagonien/Kleinasien; *radius:* Weberschiffchen (= Werkzeug zum Weben); **133** *ter quater:* drei-, viermal; *Idmonia:* Die Tochter des Idmon = Arachne; **134** *laqueus, -i* (m): Strick, **135** *guttur, -uris* (n): Kehle (poet. Plural); **138** *serus, -a, -um:* h. der nachfolgende; **139** *suci Hecateidos herbae:* Zaubertränke aus dem Kraut der Zaubergöttin Hekate; **140** *spargere:* anspritzen; *medicamen, -minis* (n): vgl. Medikament; **141** *defluere:* verschwinden; *comae, -arum* (f): Haare; *quis* = Poetische Kurzform für *quibus; nares, -ium* (f): Nase; **143** *exilis, -e:* dünn; *crus, cruris* (n): Bein, Oberschenkel; **145** *stamen, staminis* (n): Faden; *exercere:* arbeiten an; *aranea, -ae* (f): Spinne

VI Interpretation

1. Lege unter Anführung von drei lateinischen Textbelegen dar, wie Ovid Athene bzw. Minerva in der Arachne-Episode charakterisiert.
2. Finde heraus, warum Athene bzw. Minerva für Arachnes Verwandlung gerade das Tier der Spinne auswählt. Erkläre zudem, inwiefern diese Strafe eine „Gnade" für Arachne ist und was von ihrem Wesen bleibt.
3. Lege dar, inwiefern zum Ausgang der Geschichte der Leitspruch „in Sippenhaft genommen" passt.

VII Handlungs- und produktionsorientierte Aufgaben

1. Das Motiv der stolzen Arachne wird in der Kunst von vielen bedeutenden Künstlern übernommen. Zeichne die Metamorphose von Arachnes Verwandlung nach Ovids Vorlage als Comic in sechs kleinen Bildern.
2. Athene bzw. Minerva ist sehr wütend auf die hochmütige Arachne und möchte diese bestrafen. Kurz vor ihrer Verwandlung nimmt sich ein Anwalt dieses Streitfalls an und verteidigt Arachne vor den Göttern am Olymp. Verfasse diese Schrift in fünf Sätzen aus Sicht des Anwalts, der seine Mandantin gegen den Vorwurf der Gotteslästerung vertritt.

VIII Ovid als Schlüssel zum Verständnis von zeitlosen kulturellen Symbolen: Wenn die hochmütige Spinnerin webt, dass sich Zeus mit dem Blitz selbst in den Fuß schießt …

Die 13-jährige Athene lebt in der Reihe *Die sagenhaften Göttergirls* von Holub und Williams zusammen mit ihren göttlichen Freundinnen Venus, Artemis und Persephone auf dem Olymp und besucht dort das Eliteinternat der Olymp High, das Athenes Vater Zeus als Direktor leitet.

In diesem Band wird Athene beauftragt, dem neuen Schüler Herkules bei seinen 12 Hausaufgaben, die als Aufnahmetest angesehen werden, zu helfen, damit er auf dem Eliteinternat bleiben darf. Dabei unterstützt ihn Athene als Schutzpatronin vieler Heroen sogar, den dreckigen Kuhstall des Augias zu säubern. Eines Tages besucht Athene in einem kleinen Dorf die stolze Weberin Arachne, die Athene prompt zu einem Wettkampf im Weben herausfordert. Da sich Athene in Herkules verliebt hat, webt sie seine 12 Taten in ihren Wandteppich, den sie in der Olymp High aufhängen möchte. Arachne hingegen knüpft etwas ganz anderes.

»Hervorragende Arbeit, wie immer, Arachne«, sagte die alte Frau, die sich vor Athene verbeugt hatte, »jedoch wohl kaum ein geeignetes Motiv.« »Darf ich es sehen?«, fragte Athene neugierig. Die Frauen traten zurück, um sie durchzulassen. Arachnes Wandteppich erstrahlte in opulenten Farben und war so makellos und gleichmäßig gewebt, dass er Athenes in nichts nachstand. Aber das Bild, das darauf zu sehen war! Es zeigte einen verstört wirkenden Zeus, der mit schmerzverzerrtem Gesicht herumhüpfte, während eine Fliege (zweifellos Metis) um seinen Kopf schwirrte. In seinem Fuß steckte ein Blitz, und ein zweiter hatte den Saum seiner Tunika in Brand gesetzt. Anfangs war Athene zu schockiert, um etwas sagen zu können. Dann verengte sie die Augen zu Schlitzen und funkelte Arachne mit vor Wut geröteten Wangen an. Dem Mädchen schien die Ungeheuerlichkeit seiner Tat endlich klar zu werden, denn es erbleichte vor Angst. »Wie kannst du es wagen!«, rief Athene und fiel in rasendem Zorn über Arachnes Wandteppich her. Nachdem sie ihn in Fetzen gerissen hatte, trampelte sie darauf herum, damit ja nichts davon übrig blieb. Arachne stand unterdessen zitternd da, und auch die Frauen sahen voller Entsetzen zu. Wenn sich jemand über sie selbst lustig machte, war das eine Sache, aber Athene würde nicht zulassen, dass dieses Mädchen die Ehre ihrer Eltern beschmutzte! Von blinder Wut getrieben ging sie auf Arachne los. »Indem du meine Eltern verspottet hast, hast du dich selbst dazu verdammt, bis in alle Ewigkeit triste, farblose Fäden zu spinnen!« Sie streckte die Hand aus und berührte das Mädchen. Sofort fingen Arachnes Kopf und ihr Körper an zu schrumpfen, und ihre zehn langen dünnen Finger verwandelten sich in acht spindeldürre Beine. Als die Verwandlung vollkommen war, krabbelte Arachne als Spinne die nächste Wand hoch und begann, ein fragiles Netz zu spinnen.

Williams, Suzanne und Joan Holub: Die sagenhaften Göttergirls. Hausaufgaben für einen Helden. Aus dem Englischen von Verena Kilchling, Köln: Schneiderbuch 2013, S. 166–169.

1. Arbeite mithilfe von einem Textbeleg aus dem Rezeptionsdokument heraus, wofür der Arachne-Mythos auch heutzutage noch steht.
2. Vergleiche die Version Ovids mit der modernen Variante von Holub und Williams. Nenne je zwei Gemeinsamkeiten und Unterschiede. Stelle Vermutungen an, warum Arachne in dieser Version für Kinder und Jugendliche etwas anderes knüpft als Ovids Arachne.
3. Beschreibe, wie die Version von Holub und Williams auf dich wirkt, und finde heraus, mit welchen Mitteln diese Wirkung erzeugt wird. Um welche Art der Adaption handelt es sich demnach?

Du bist schon fertig? → Zusatzaufgabe für Schnelle: Skandiere die ersten 5 Verse von Punkt V. Besprich deine Lösung dann mit einem Lernpartner.

Lösungen

Station 1

I Vorerschließung

1. Vater, bitte hilf mir mit deinen göttlichen Kräften, meinem Verfolger zu entkommen. Ich möchte nicht, dass er sich mir unsittlich nähert.
2. Blind von der Liebesverzauberung wird er eine Abweisung nicht akzeptieren.

II Wortschatzübung

1. *figura, -ae* (f) = äußere Gestalt; *artus, -us* (m) = Glieder; *praecordia, -ium* (n) = Brust; *crinis, -is* (m) = Haar; *bracchium, -i* (n) = Arm; *pes, -dis* (m) = Fuß; *os, -ris* (n) = Mund
2. *liber, -bri* (m) = hier: Rinde; *frons, -dis* (f) = Laub; *ramus, -i* (m) = Zweig; *radix, -icis* (f) = Wurzel; *cacumen, -minis* (n) = Wipfel.

III Grammatik

1. a) Hyperbaton
   b) *mollia cinguntur tenui praecordia libro* (V. 549)
   [...]
   pes modo tam velox pigris radicibus haeret (V. 551)
2. *Mutato – mutans – mutando – mutatas – mutantes – mutabo:*
   Ein Gerundium ist eine nd-Form, die auf -i, -o oder -um endet.

IV Leseverstehen

1. V. 546: Apostrophe (Anrede): Betonung der verzweifelten Lage von Daphne
   V. 546: Personifikation der Flussgötter; Darstellen der Flüsse als aktiv handelnde Wesen
   V. 547: Inversion: Hervorhebung, dass Daphne ihre Gestalt ändern will
2. *coma, -ae* (Haar) = männliche Schönheit; *cithara, -ae* (Leier) = Musik;
   pharetra, -ae (Köcher) = Jagd

V Übersetzung

(von Dr. Stierstorfer:)
„Vater", so sagte sie, „hilf, falls ihr Flüsse göttliche Macht habt! Zerstöre das Aussehen, durch das ich zu sehr gefiel, mit einer Verwandlung!" Kurz nachdem die Bitte beendet ist, lähmt lastende Trägheit die Glieder, die zarte Brust wird von dünner Rinde umgürtet, die Haare werden zu Laub und die Arme zu Ästen und ihr eben noch so schneller Fuß bleibt in trägen Wurzeln stecken und (schließlich) nimmt ihr Gesicht ein Baumwipfel ein. An jener bleibt als Einziges der Glanz zurück. ... Zu ihr sagte der Gott (Apollo): „Weil du jetzt ja nicht mehr meine Frau sein kannst, wirst du doch wenigstens als Baum die Meine sein.", so sagte er, „Immer werden dich, Lorbeerbaum, mein Haar, meine Lyra und mein Köcher haben. ..."

VI Interpretation

1. Sie möchte lieber verwandelt werden, weil sie von einem Anti-Liebespfeil getroffen worden ist, und daher den aufdringlichen Apollo nicht lieben kann.
2. a) Die Metamorphose vollzieht sich im Wesentlichen von unten nach oben: Zuerst werden Glieder und Füße Lahm (V.548: *torpor gravis occupat artus*), dann wird ihre Brust verwandelt (V. 549: *cinguntur tenui praecordia libro*) und schließlich das Gesicht (V. 552: *ora cacumen habet*).
   b) Die Verwandlung wird wie in einem Film mit einer Kamera(-fahrt) beschrieben.
   c) Dadurch erreicht der Autor in der Regel, dass ein genaues inneres Bild der Verwandlung beim Leser entsteht. Man nennt dieses Phänomen auch Kino im Kopf.
3. a) Vgl. V 558-559: *Semper habebunt te coma:* Apollo trägt Daphne in Gestalt eines Lorbeers immer auf seinem Haupt.
   b) Er ist offensichtlich der Ansicht, dass sich Liebende stets ganz nah sein müssen. Er klammert somit, was Daphne bereits vor ihrer Verwandlung nicht gefallen hat.
4. Der Lorbeerkranz steht für den Sieg des Apollo über die flüchtende Daphne. Kulturell ist der Lorbeer somit ein Siegeszeichen.

VII Handlungs- und produktionsorientierte Aufgaben

Individuallösungen: Wichtig hierbei ist, dass bei dem Brief/Bild treffende und knappe Wendungen integriert werden, die den Inhalt des Briefs bzw. Elemente der Zeichnung unterstützen.

Beispiel für einen Comic:

VIII Ovid als Schlüssel zum Verständnis von zeitlosen kulturellen Symbolen: Der Jagdgott Apollo als Schürzenjäger im modernen London

1. a) Unter dem Begriff „Präzedenzfall" versteht man ein Ereignis, das sich in der Vergangenheit zum ersten Mal überhaupt ereignet hat, dann jedoch als Schema für häufige Wiederholungen dient. So hat Apollo seit der erstmaligen Verwandlung von Daphne in einen Lorbeerbaum mehrere Frauen, die ihm eine Abfuhr gegeben hatten, in Bäume verwandelt.
   b) Phillips führt den Mythos der eigentlich einmaligen Verwandlung durch die Erhöhung der Häufigkeit bis in die Gegenwart. Dadurch erzählt sie den Mythos weiter.
2. a) Bei Ovid werden die einzelnen Phasen der Verwandlung abwechslungsreich erzählt: *mollia cinguntur tenui praecordia libro / in frondem crines, in ramos bracchia crescunt, / pes modo tam velox pigris radicibus haeret, / ora cacumen habet.* Ovid gibt jeden einzelnen Schritt der Verwandlung genau wieder. Phillips beschreibt die Metamorphose in einen Baum sprachlich eher monoton und wenig kreativ mit den Worten „in einen Baum / in Bäume verwandeln".
   b) Da Ovid jedes Detail der Metamorphose mit anschaulichen Substantiven, Adjektiven und Verben, die zu den jeweils fokussierten Körperpartien passen, nachempfinden lässt, ist seine Darstellungsweise in diesem Punkt kunstvoller und anspruchsvoller als die von Phillips.
3. Die Aussage der Götter ist ironisch gemeint. Sie machen sich lediglich über Apollos Versagen bei seiner Umwerbung von Daphne lustig. Somit kann die Adaption von Phillips als Parodie der Sage von Ovid angesehen werden.

Station 2

I Vorerschließung

1. Orpheus könnte versuchen, Eurydike aus der Unterwelt, dem Reich des Hades, herauszuholen.
2. O ihr Götter der Unterwelt, ich bin so unglaublich traurig, dass ich meine Ehefrau verloren habe. Nie wieder möchte ich singen, da mir jeder Gedanke an die Geliebte meine Stimme raubt. Nie wieder kann und will ich glücklich sein, da ich Eurydike mit jedem Atemzug vermisse. Helft mir doch, mein Leid zu lindern.

II Wortschatzübung

1. *Taenaria porta* = Tor am Kap Taenaron (Südspitze der Peloponnes); *umbra* = Schatten (eines Toten); *Styx, Stygis* (Akk: *Styga*) = Hauptfluss der Unterwelt (Diesen mussten die verstorbenen Seelen mithilfe des Fährmanns Charon überqueren); *opaca Tartara* (Neutr. Pl.) = finsterer Tartarus (Bereich der Unterwelt, in dem die Büßer bestraft und von den Furien als Dienerinnen des Hades gefoltert wurden); *Medusaeum monstrum* = Untier mit medusenhaften Schlangen (Fabelwesen mit Schlangen um dem Hals und einem Schlangenschwanz)

2. a)

descendit	*descendebant*	*descendo*	*descendam*	*descendere*
flevit	*flebant*	*fleo*	*flebo*	*flere*
ausus est	*audebant*	*audeo*	*audebo*	*audere*
occidit	*occidebant*	*occido*	*occidam*	*occidere*
abstulit	*auferebant*	*aufero*	*auferam*	*auferre*
adiit	*adibat*	*adeo*	*adibo*	*adire*
diffudit	*diffundebat*	*diffundo*	*diffundam*	*diffundere*

b) descendere = herabsteigen; flere = weinen; audere = wagen; occidere = töten; auferre = rauben; adire = aufsuchen; diffundere = ausgießen

III Grammatik

1. NS1 / NS2 / HS
2. a) *dente recepto*
   b) *nervis pulsis*
   c) *ambagibus falsae orationis positis*

IV Leseverstehen

1.

Leben	**Tod**
per herbas	*inamoena regna*
turba naiadum	*dominus umbrarum*
crescentes anni	*mundus sub terra positus*

2. *temptaret* (V. 12) = er würde versuchen; *descendere ausus est* (V. 13) = er wagte es, hinabzusteigen; *adiit* (V. 15) = er suchte auf; *descendi* (V. 21) = ich bin herabgestiegen; *vincirem* (V. 22) = ich würde fesseln

V Übersetzung

(von Dr. Stierstorfer:)
Denn während die Neuvermählte in Begleitung einer Schar von Najaden durch die Wiese schweifte, ist sie umgekommen, als sie eine Schlange in die Ferse gebissen hatte. Nachdem der Sänger vom Rhodope-Gebirge sie genug an der Luft der Oberwelt beweint hatte, wagte er es, zu dem Totenfluss Styx beim Tor am Kap Tainaron herabzusteigen, um es auch bei den Unterweltsschatten zu versuchen, und er ist durch Geister und Schatten, die bereits begraben waren, zu Persephone gegangen und zu dem Herrscher der Unterwelt, der über das ungemütliche Königreich regiert. Nachdem er zu seinen

Liedern in die Saiten (der Lyra) gegriffen hatte, sprach Orpheus so: „Ihr Götter der Unterwelt, in die wir alle kommen, die wir (alle) als Sterbliche erschaffen werden, gestattet es mir, Wahres zu sagen, wenn dies möglich ist, ohne Umschweife einer falschen Rede zu machen / ohne um den heißen Brei herumzureden. Ich bin weder hierher hinabgestiegen, um den düsteren Tartarus zu sehen, noch um die drei Hälse des medusenhaften Monsters, die aufgrund von Schlangen zottelig sind, zu fesseln. Der Grund meines Weges ist meine Gattin, in die eine Schlange Gift gespritzt hat, auf die sie getreten war, und die ihr die noch ausstehenden Lebensjahre weggenommen hat".

VI Interpretation

1. Orpheus ist zu den Göttern der Unterwelt wegen seiner Gattin gekommen: *causa viae est coniunx* (V. 23). Er beklagt, dass diese zu früh aus dem Leben gerissen worden ist: *crescentesque abstulit annos* (V. 24).
2. Der Weg von Orpheus umfasst folgende Stationen: Das Kap Taenaron beim Fluss Styx: *ad Styga Taenaria … porta* (V. 13), Schatten der Toten: *leves populos simulacraque* (V. 14), Königin der Unterwelt namens Persephone: *Persephonem* (V. 15), die unwirtliche Unterwelt: *inamoenaque regna* (V. 15), Herrscher über die Schatten: *umbrarum dominum* (V. 16). Der schnelle und zielgerichtete Abstieg des Orpheus in die Unterwelt spiegelt dessen feste Entschlossenheit wider, Eurydike zu retten.
3. In den Versen 21–22 wird Zerberus, der dreiköpfige Wachhund der Unterwelt, beschrieben. Er hat Schlangen um den Hals und einen Schlangenschweif und ist somit medusenhaft. Orpheus möchte nicht in die Fußstapfen von Herkules treten und das dreiköpfige Monster fesseln, sondern Eurydike befreien.

VII Handlungs- und produktionsorientierte Aufgaben

1. … Wenn ihr Götter mir Eurydike zurückgebt, dann singe ich wunderschön für euch, sodass ihr von Tränen gerührt sein werdet. Wenn ihr mir nicht helft, wird meine Stimme für immer verstummen und weder wilde Tiere noch euch Unterirdische erfreuen, sodass ihr in eurem Leben gar keinen Lichtblick mehr in diesem dunklen Reich haben werdet. Lasst mich daher bitte nicht im Stich…
2. Individuelle Lösung
3. Individuelle Lösung

VIII Ovid als Schlüssel zum Verständnis von zeitlosen kulturellen Symbolen: Wenn das Schattenreich zur Großstadt wird …

1. Jack weiß nicht, ob das Verb *occidit* aus den Metamorphosen von *occidere* oder *occīdere* kommt. Während ersteres von *cadere* abgeleitet wird und „umkommen" bedeutet, leitet sich letzteres von *caedere* ab, das „töten" bedeutet. Aufgrund des Hexameters als Versmaß der Metamorphosen muss bei *occidit* über dem ersten i eine Kürze sein. Daher kommt es von *occidere* (= umkommen). Somit trifft in Ovids Version niemandem die Schuld an dem Tod Eurydikes, der darin eher durch Zufall eingetreten ist. Wie Eurydike von einer Schlange gebissen wird, weil sie im Gras achtlos umhergelaufen ist, so wird Jack von einem Auto angefahren, weil er nicht auf die Straße achtet, sondern permanent liest. Dadurch betreten sowohl Eurydike als auch Jack die Unterwelt. Folgende Betonungen finden sich in dem oben genannten Vers 10, nachdem du ihn skandiert hast: *óccidit ín talūm serpéntis dénte recépto.*
2. Sowohl Jack als auch Eurydike stößt etwas Schlimmes zu. Während Eurydike von einer Schlange gebissen wird, wird Jack von einem Auto angefahren. Nach dem Vorbild Ovids könnte Jack versuchen, das Mädchen Euri (in Anlehnung an Eurydike) aus der Unterwelt zu retten. Wenn sich Marsh eng an die Vorlage Ovids hält, wird ihm dies jedoch, genau wie dem Orpheus, nicht gelingen, weil er sich auf dem Rückweg zu ihr umdreht.
3. Marsh erschafft mithilfe des Orpheus-Eurydike-Mythos von Ovid als Strukturvorlage eine eigene spannende Fantasy-Geschichte über einen modernen Schüler, der nicht nur den Tod seiner Mutter bewältigen, sondern auch den des Mädchens Euri akzeptieren muss. Die Unterwelt wird in eine Großstadt umgewandelt, weil in Großstädten ähnlich wie in der Unterwelt große Gefahren lauern können. Besonders das U-Bahn-System ist gefährlich für Menschen und es gibt dort immer wieder Unfälle. Deshalb siedelt Marsh dort den Eingang in die Unterwelt an.
4. Die Sprecherin gibt die Stimmen der Figuren äußerst passend wieder. Jack wird mit einer halblauten und dumpfen Stimme als zurückhaltend, genervt und kurz angebunden inszeniert. Tanya wird durch den übertrieben lauten Tonfall als schrill, aufdringlich und nervig dargestellt. Die unterschiedlichen Sprechweisen unterstreichen also die Figurencharakteristiken.

Station 3

I Vorerschließung

1. Phaethon möchte den Wagen unbedingt lenken, damit er einen Beweis für seine göttliche Abstammung hat. Dieses Verhalten geht aus seinem jugendlichen Leichtsinn hervor. Es ist unüberlegt.
2. Phaethon gefährdet durch sein Verhalten die Natur, die Tierwelt und sogar ganze Völker. So könnten Wälder verbrennen, Tierherden getötet werden oder Menschen aufgrund der plötzlichen starken Hitze umkommen.

II Wortschatzübung

1. *fornax, -acis* (f) = Ofen; *aestus, -us* (m) = Hitze; *accendere* = anzünden, *fervere* = glühen, *favilla, -ae* (f) = Asche; *fumus, -i* (m) = Rauch
2. *volvere (volvo, volvi, volutum)* = rollen, wälzen; *nescire (nescio, nescivi, nescitum)* = nicht wissen, nicht kennen; *eiectare (eiecto, eiectavi, eiectatum)* = hinausschleudern, herauswerfen; sustinere (sustineo, sustinui, sustentum) = ertragen, aushalten; *aspicere (aspicio, aspexi, aspectum)* = erblicken, *trahere (traho, traxi, tractum)* = ziehen, schleppen

III Grammatik

1. *aspicere* = erblicken – *sentire* = fühlen – *credere* = glauben – *velle* = wollen
2. a) cunctis e partibus – von allen Seiten (her) b) sanguine vocato – herbeigerufenes Blut
   c) involvitur fumo – er wird umringt von Rauch d) caligine tectus – von Rauch bedeckt
   e) arbitrio raptatur – er wird geraubt durch die Macht / den Willen
   f) [ferventesque auras] ore trahit – er zieht mit dem Mund brennende Luft

   Ablativus Instrumentalis – Ablativus Modi – Ablativus Absolutus – Ablativus Separativus

IV Leseverstehen

1. a)

Lateinische Wendungen	Erschwerende Gegebenheiten
cineres / favillam (V. 231)	***Asche und Glut***
calido … fumo (V. 232)	***heißer Rauch***
picea caligine tectus (V. 233)	***Dunkelheit / dichter Qualm***
arbitrio volucrum … equorum (V. 234)	***nicht zu bändigende geflügelte Pferde***

   b) Er hat die Orientierung komplett verloren und weiß nicht, wohin er gezogen wird und wo er sich befindet.

V Übersetzung

(von Dr. Stierstorfer:)
Dann aber erblickt Phaethon, dass der Erdkreis von allen Seiten entflammt ist, er erträgt die so große Hitze nicht, atmet mit dem Gesicht brennende Luft wie aus einem tiefen Backofen ein und er spürt, dass sein Wagen heiß wird. Und er kann die Asche und die abgeworfene Glut nicht mehr ertragen. Und er wird überall von heißem Rauch eingehüllt. Und bedeckt von pechschwarzem Rauch weiß er nicht, wohin er fährt und wo er ist; er wird von der Willkür der geflügelten Pferde dahingerafft. Man glaubt, dass damals das Volk der Äthiopier die schwarze Hautfarbe erhalten hat, nachdem Blut in die Oberfläche des Körpers gelangt war.

VI Interpretation

1. Die vorliegende Textstelle kann als Peripetie bezeichnet werden, weil sich die Handlung vom Positiven ins Negative wendet. So erlangt Phaethon zwar den göttlichen Beweis, verliert jedoch bald die Kontrolle darüber. Dadurch setzt er sein Leben leichtfertig aufs Spiel.
2. In diesen beiden Versen wird erklärt, weshalb die Äthiopier eine schwarze Haut haben. (Eine solche Ursprungssage nennt man auch Aitiologie.) Vor dem Hintergrund der modernen Naturwissenschaften ist zu sagen, dass diese Theorie Ovids nicht mit rationalen Erkenntnissen vereinbar ist.

VII Handlungs- und produktionsorientierte Aufgaben

1. Deine Bitte, den Sonnenwagen zu lenken, lieber Sohn, ist mehr als unverantwortlich. Du wirst dein Leben und das vieler anderer Menschen riskieren. Wahrscheinlich wirst du dabei sogar draufgehen. Außerdem hast du noch gar keine Übung darin, den Wagen zu lenken. Fordere nichts Unverschämtes von mir, du halbe Portion. Ehe dich die Pferde als Lenker akzeptieren, werden dich die Sonnenstrahlen mit Haut und Haar verbrannt haben.

2. individuelle Lösung

VIII Ovid als Schlüssel zum Verständnis von zeitlosen kulturellen Symbolen: Wenn ein Schwein über den Himmel fliegt …

1. **Gemeinsamkeiten:**
   - In beiden Texten fliegt die Hauptperson im Sonnenwagen des Helios / Sol durch die Lüfte.
   - Der Protagonist leidet sehr an der aufkommenden Hitze: *aestus ferventes, fornace profunda, candescere sentit, cineres, fumo.*
   - Die Hauptperson hat enorme Probleme, die widerspenstigen Pferde zu lenken, und gerät dadurch in Lebensgefahr.

   Unterschiede:
   - Während es Phaethon nicht schafft, den Wagen unter Kontrolle zu bringen, gelingt dies Gryllus im letzten Moment und er singt sogar dabei.
   - Phaethon lenkt den Wagen nur aus Neugier und Profilierungsdrang, während Gryllus eine Mission zu erfüllen hat. Er muss einen vom Chaos verursachten Riss in der Welt schließen.
   - Bei Ovid wird der Phaethon-Mythos funktionalisiert, um zu erklären, warum die Äthiopier eine schwarze Hautfarbe haben (Aitiologie). Bei Shipton wird diese Funktion des Mythos ausgespart, da sie nicht in den Handlungsstrang passt.

2. Die rasante Fahrt wird in Ovids Text von einem allwissenden, außerhalb der Handlung stehenden Erzähler vermittelt. Er kennt die Gedanken und Gefühle seiner Figuren und lässt den Leser an den Ängsten und Sorgen des Phaethon teilhaben. Shipton schildert Gryllus' Erlebnisse aus der Ich-Perspektive einer in die Handlung einbezogenen Figur und legt wie Ovid großen Wert auf die Ausführung ihrer innersten Gedanken. Zusammenfassend lässt sich daher festhalten, dass beide Autoren stark psychologisieren. Shipton ahmt diese von Ovid etablierte literarische Technik, Mythen empathisch nachzuerzählen, offensichtlich nach.
3. Shiptons Text ist als Parodie anzusehen, weil er anstatt eines halbgöttlichen Jungen ein dickes Schwein über den Himmel rasen lässt. Aufgrund der starken Hitze hat es Angst zu einem „Berg Schweinefett" oder einem „Haufen gegrillter Rippchen", also einem Nahrungsmittel für Menschen, zu werden. Die Situation, die bei Ovid für Phaethon als lebensgefährlich und sogar tödlich geschildert wird, zieht Shipton durch diesen Vergleich der Hitzewelle mit gegrilltem Fleisch ins Lächerliche. Komik wird neben den kecken Gedanken des Schweins durch das Singen folgenden satirischen Liedes erzeugt: „Ein Schwein flog am Himmel herum, dort war es sauheiß, wie dumm. Es wollte noch leben, hatte soviel zu geben." Genauso wie Märchen werden auch antike Mythen in der Postmoderne gerne aufs Korn genommen.
4. Dahinter steckt der moderne Grundgedanke, dass aus jedem noch so unbedeutenden Menschen eine bedeutende Persönlichkeit werden kann, wenn er mutig und hilfsbereit ist. Diese Wandlung vom Außenseiter zum Helden findet sich in vielen Fantasy-Romanen.

Station 4

I Vorerschließung

1. Medusa ist eine Frau, die Schlangen auf ihrem Kopf trägt. Jeden, den sie anblickt, verwandelt sie in Stein.
2. Perseus könnte einen sich spiegelnden Gegenstand mit sich führen, sie darin betrachten und sie hinterrücks mit seinem Schwert besiegen.

II Wortschatzübung

1. *lumen* (n) = Licht – *collum* (n) = Hals – *caput* (n) = Kopf – *colubra* (f) = Schlange – *clipeus* (m) = (der) Schild.
2. *adspicere* = betrachten, *partiri usum unius luminis* = sich den Gebrauch eines Auges teilen, *vidisse* = gesehen zu haben, *visā Medusā* = Nachdem Medusa gesehen worden ist / war (je nach Kontext; Abl. Abs.)

III Grammatik

1. *iacentem: iacere* = (da-)liegen; *supposita: supponere* = darunter legen – *abdita: abdere* = verbergen – *horrentia: horrere* = erschrecken – *visa: videre* = sehen – *conversa: convertere* = wenden – *repercusso: repercutere* = zurückschlagen – *natos: nasci* = geboren werden

2. *habitasse: habitare* = bewohnen – *cepisse: capere* = ergreifen – *tetigisse: tangere* = berühren – *vidisse: videre* = sehen – *adspexisse: adspicere* = betrachten – *eripuisse: eripere* = entreißen

IV Leseverstehen

Fabelwesen	Attribute	Wohnort
Phorcides = zwei hexenhafte alte Frauen, die Phorkyaden genannt werden	***geminae sorores uno lumine utentes* = zwei Schwestern, die ein Auge benutzen**	***locus sub gelido Atlante iacens* = ein Ort, der unter dem eisigen Atlasgebirge liegt**
Pegasus = Flügelpferd	***fugax pennis* = flink durch Flügel**	***collum et sanguis Gorgonis* = Hals und Blut der Gorgo**
Medusa / Gorgo = Schlangenfrau	***horrenda colubris* = schrecklich durch Schlangen**	***horrentia saxa* = schreckliche Felsen**

V Übersetzung

(von Dr. Stierstorfer:)
Der Nachfahre des Königs Agenor (= Perseus) sagt, dass am Fuße des eisigen Atlasgebirges ein Ort liegt, der durch die Befestigung eines massiven Steindamms geschützt ist. Bei dessen Eingang hätten die Phorkyaden/Graien, zwei Schwestern, gewohnt, die sich ein Auge teilten. Dieses soll er bei der Übergabe durch eine dreiste List mit untergeschobener Hand ergriffen haben und (danach) die Wohnstätte der Gorgo Medusa durch weit entferntes, unwegsames und durch unebene Wälder gefahrvolles Felsland erreicht haben und er habe überall entlang den Äckern und den Straßen Statuen von diesen wilden Tieren und Menschen gesehen, die beim Anblick der Medusa zu Stein geworden waren. Dennoch habe er in der widerstrahlenden Bronze des Schildes, den er in seiner linken Hand getragen habe, die schreckliche Gestalt der Medusa erblickt und, während träger Schlaf Medusa selbst und ihre Schlangen festgehalten habe, habe er ihr den Kopf vom Nacken gerissen. Dabei seien der durch Federn flink fliegende Pegasus und sein Bruder (der Riese Chrysaor) aus dem Blut ihrer Mutter entstanden.

VI Interpretation

1. Perseus entwendet das einzige Auge der Phorkyaden und tötet Medusa dadurch, dass er sie nur mithilfe eines Spiegels ansieht. Diese Art der Aufgabenbewältigung erinnert an den listenreichen Odysseus, mit dessen Idee von einem hölzernen Pferd Troja zu Fall gebracht worden ist.
2. Als Held muss man erfinderisch sein, um an sein Ziel zu gelangen. Nur durch den Diebstahl des Auges wurde Perseus der Weg zu Medusa gewiesen und nur durch den Spiegeltrick konnte Perseus Medusa enthaupten und mit ihrem Kopf Andromeda vor dem Ungeheuer Ketus retten.

VII Handlungs- und produktionsorientierte Aufgaben

1.

© Stierstorfer

2. Perseus, du Feigling, hast unsere Schwester hinterhältig getötet! Wie konntest du sie nur hinterrücks enthaupten? Sie hat dir nichts getan! Zudem hast du ihr nicht einmal die Chance gegeben, sich zu verteidigen. Du bist in ihr entferntes Haus gekommen und hast sie wie ein Tier beseitigt. Somit bist du des heimtückischen Mordes schuldig!

VIII Ovid als Schlüssel zum Verständnis von zeitlosen kulturellen Symbolen: Wenn Medusa einen eigenen Statuenladen betreibt…

1. Perseus ist nach der Erzählung Ovids der Sohn des Donnergottes Zeus und der Danae, der Tochter des Akrisios, des Königs von Argos. Dieser sperrte seine Tochter in einem Gefängnis ein, weil er von einem Orakel erfahren hatte, dass er vom Sohn seiner Tochter getötet würde. Doch auch dadurch konnte er Zeus nicht daran hindern, dass er – verwandelt in einen Goldregen – durch die ehernen Gitterstäbe gelangte, sich der hübschen Danae näherte und mit ihr Perseus zeugte. Nach der Geburt des Kindes sperrte Akrisios Danae und Perseus in einen Holzkasten ein und setzte sie auf dem Meer aus. Die beiden Ausgestoßenen wurden durch den Willen des Zeus zur Insel Seriphos getrieben, wo sie ein freundlicher Fischer namens Diktys aufnahm.
   Im Roman wird Poseidon als Vater von Percy ausgewählt, da es nur so aus der Sicht der Geschichte Sinn macht. Denn Percy kann durch die vom Vater ererbte Fähigkeit das Element Wasser kontrollieren und damit übernatürliche Handlungen vollziehen. Die Beherrschung des Blitzes ist im Roman dem Donnergott Zeus vorbehalten, sodass der gesamte Plot und die Suche nach dem Herrscherblitz nicht motiviert wäre, wenn Percy als Sohn des Zeus über diese Naturgewalt bereits von Geburt an verfügen könnte.
2. Bei Ovid wird Medusa im Schlaf von Perseus enthauptet. Aus ihrem Kopf entspringen daraufhin das Flügelpferd Pegasus und der Riese Chrysaor (V. 785f.). Für den Spannungsaufbau des Romans/Films wäre es ungünstig, wenn das Monstrum ohne jegliche Action im Schlaf geköpft würde. Außerdem verwendet Perseus im Mythos einen Spiegelschild, während er im Roman eine Glaskugel, die als Dekoration für den Garten gedacht ist, mit spiegelnder Fläche gebraucht, um Medusa unbeschadet zu beobachten. Dadurch wird die mythologische Vorlage in unsere moderne Zeit transferiert und aktualisiert.
3. Medusa wurde im Tempel der Athene von Poseidon vergewaltigt, weil dieser sich in ihr anziehendes Äußeres verliebt hatte. Athene war erbost über diese Schändung ihres Tempels und gab der Schönheit der Medusa die Schuld. Daher verwandelte sie deren ansehnliches, langes Haar in Schlangen, damit sie in Zukunft alle Männer durch ihre Hässlichkeit abstoßen sollte. Außerdem verfluchte die Göttin der Weisheit die Einwohnerin Athens dadurch, dass jeder Mann, der in ihr wunderschönes Antlitz blickt, zu Stein verwandelt wird, bevor er sich in Medusa verlieben kann.
4. Grund 1: Medusa selbst wurde (von Athene) in ein hässliches Schlangenwesen verwandelt (vgl. V. 784).
   Grund 2: Sie verwandelt auch andere Menschen serienweise zu Stein (vgl. V. 781).
   Grund 3: Der Mythos um Medusa „verwandelt" sich in der Postmoderne in einen Fantastik-Roman für Jugendliche, der an die ovidische Tradition anknüpft. In diesem Rezeptionsdokument lockt Medusa vor allem Kinder in ihren Statuenladen, versteinert sie und verkauft deren Statuen.
5. Medusa wird visuell beeindruckend durch digitale Schlangenhaare inszeniert, die sich nach allen Richtungen winden. Die Verfolgungsjagd wird durch rasante Kamerafahrten actionreich und effekthaschend gestaltet.

Station 5

I Vorerschließung

1. Ich würde das gefährliche Untier des Minotaurus in einem Kellerverlies verstecken.
2. Ich könnte heimlich mit den ausgelosten Tributen mitreisen und das gefräßige Monster mit meinem Schwert töten.

II Wortschatzübung

1. *domus* (f) = Palast; *tectum* (n) = Dach / Haus; *ambages* (f) = Umweg; *nota* (f) = Wegweiser; *ianua* (f) = Eingang; *via* (f) = Weg, *filum* (n) = Faden; *turbare* = in *errorem ducere* = verwirren.
2. *(bellum) ponere* = (den Krieg) beenden, *(opus) ponere* = (ein Bauwerk) errichten, *(filum) ponere* = (einen Faden) hinlegen, *(statuam) ponere* = (eine Statue) aufstellen.

III Grammatik

1. Hyperbata = Sperrungen / Auseinanderstellung zusammengehörender Wörter

   Zuordnungen mit Übersetzungen: A4) *filo relecto*: Nachdem der Faden aufgewickelt worden war. B10) *hunc pudorem*: diese Schande. C8) *fabrae artis*: der Handwerkskunst. D2) *annis novenis*: alle neun Jahre. E3) *pastum monstrum*: das gesättigte Monster. F7) *monstri biformis*: des zweigestaltigen Monsters. G1) *caecis tectis*: in dunklen Behausungen / (hier:) im dunklen Palast. H9) *foedum adulterium*: schändlicher Ehebruch. I6) *Actaeo sanguine*: durch das attische Blut. J5) *geminam figuram*: die zweifache Gestalt.

Lösungswort: MINOTAURUS

2. **Nebensatz 1:** Subjekt: *tertia sors*. Prädikat 1: *clausit*. Prädikat 2: *domuit*.
   Nebensatz 2: Subjekt: *ianua*. Prädikat: *inventa est*.
   Hauptsatz: Subjekt: *Aegides*. Prädikat 1: *(vela) dedit*. Prädikat 2: *destituit*.
   → Betrachte auch die folgenden Markierungen im Kontext:

Nebensatz 1: *Quo postquam geminam tauri iuvenisque figuram*
***clausit** et Actaeo bis pastum sanguine*
*monstrum **tertia sors** annis **domuit** repetita novenis,*

Nebensatz 2: *utque ope virginea nullis iterata priorum*
***ianua** difficilis filo **est inventa** relecto,*

Hauptsatz: *protinus **Aegides** rapta Minoide Diam*
*vela **dedit** comitemque suam crudelis in illo*
*litore **destituit**. …*

IV Leseverstehen

1.

Lateinische Wendungen	Bezeichnungen für den Minotaurus und Urteil über das Fabelwesen
opprobrium (V. 155)	***Schande → moralische Abwertung des Mischwesens***
foedum … adulterium (V. 155–156)	***Hässlicher Ehebruch → Gleichsetzen der außerehelichen Zeugung des Monsters mit einem Vergehen***
monstri novitate biformis (V. 156)	***Durch die Neuigkeit des zweigestaltigen Wesens → Einzigartigkeit des Minotaurus***

2. Durch die verschiedenen sehr negativen Ausdrücke für den Minotaurus werden die schlimmen Konsequenzen des Fremdgehens der Pasiphae aus der Sicht des Minos betont.

V Übersetzung

(von Dr. Stierstorfer:)
Die Schande des Königsgeschlechts war herangewachsen und der schändliche Ehebruch der Mutter war durch die Neuartigkeit des zweigestaltigen Monsters offensichtlich. Minos beschließt, diese Schande aus seinem Schlafgemach zu verbannen und in einem verwinkelten Gebäude und finsteren Palast einzusperren. Daedalus, der wegen seiner Handwerkskunst sehr berühmt ist, baut das Werk, bringt die Wegweiser durcheinander und führt die Augen in einen durch Verwinkelungen verschiedener Wege geschwungenen Irrgang. …
Nachdem Daedalus dort die Mischgestalt aus Stier und jungem Mann eingeschlossen hatte und dieses Monster zweimal mit dem Blut junger Athener ernährt worden war, hat (Theseus als) das dritte Tribut, das alle neun Jahre wiederholt worden war, das Monster gebändigt, und sobald der Sohn des Aegeus den von niemandem der früheren Opfer wiedergefundenen versteckten Ausgang durch das Aufrollen des Fadens mit der Hilfe dieser Jungfrau gefunden hatte, ist er nach dem Raub der Tochter des Minos zur Insel Naxos/Dia abgesegelt und ließ herzlos seine Gefährtin an jener Küste zurück.

VI Interpretation

1. Daedalus ist der Erbauer des Gefängnisses des Minotaurus. Er gestaltet dieses Verlies, das sich im Palast des Minos befindet, wie ein Labyrinth mit für die Augen sehr verwirrenden Gängen: *turbatque notas et lumina flexum / ducit in errorem variarum ambage viarum* (V. 160–161).
2. Es ist aus ethischer Sicht als problematisch zu erachten, dass er den Ehebruch seiner Frau durch das Einsperren des Minotaurus in einem Verlies vertuschen möchte. Der eingesperrte Minotaurus wird zum Leidtragenden des Seitensprungs. Minos sollte ihn vielmehr humaner (menschlicher) behandeln.

VII Handlungs- und produktionsorientierte Aufgaben

1. Liebe Ariadne, bitte hilf mir den bösen Minotaurus zu töten. Ich weiß zwar, dass er dein Halbbruder ist, aber er richtet zu viel Schaden an. So tötet er schon seit Jahren viele Jünglinge und Jungfrauen und verspeist sie. Wenn du möchtest, dass dieser furchtbare Kreislauf beendet wird, dann stehe mir bei. Zusammen könnten wir ein unschlagbares Team bilden, sodass ich dich nach dem Beseitigen des Monsters auch heiraten werde, wenn du das willst.

2.

© Stierstorfer

VIII Ovid als Schlüssel zum Verständnis von zeitlosen kulturellen Symbolen: Wenn Theseus zum Feind wird …

1. Bei Ovid wird Theseus als ambivalenter Held inszeniert: Einerseits bezwingt er zwar anlässlich der Fälligkeit des dritten Tributes heldenhaft den Minotaurus (*monstrum tertia sors … domuit*), andererseits lässt er seine Geliebte Ariadne rücksichtslos auf der Insel Naxos / Dia alleine zurück (*comitemque suam crudelis in illo / litore destituit*), obwohl er ohne ihre Hilfe (*ope virginea*) das Monstrum wohl nicht besiegt hätte. Bei Scherm wird Theseus durchweg negativ dargestellt. Als selbstsüchtiger Held ist es ihm gleichgültig, ob der Minotaurus gut oder böse ist und ob er Ariadnes lieber Bruder ist oder nicht. Um als Held in die Geschichte einzugehen und um endlich Minos' Thronfolger durch die Heirat mit Ariadne zu werden, ist er zu jeder Tat bereit. Dadurch werden die Rollen von „Gut" und „Böse" vertauscht. Während Theseus bei Ovid vielschichtiger beschrieben wird, wird er bei Scherm einseitig inszeniert.
2. Ovid stellt den Minotaurus als ein blutrünstiges Mischwesen aus Mensch und Stier dar (*geminam tauri iuvenisque figuram*), das sich vom Blut attischer Mädchen und Jungen ernährt (*Actaeo bis pastum sanguine monstrum … domuit*). Bei Scherm wird der Minotaurus menschlich dargestellt, wie dies im Hellenismus üblich war. Ariadne charakterisiert ihn als harmlos („Und er tut niemandem etwas zuleide.") und bezeichnet ihn als ihren Bruder („mein Bruder"), den sie bei seinem Vornamen Asterion nennt. Durch diese positive Darstellung des Minotaurus wird beim Leser Empathie bzw. Mitgefühl für das „Ungeheuer" erzeugt. Bei dieser positiven Inszenierung eines tierischen Wesens könnte der moderne Gedanke des Naturschutzes und der Artenvielfalt mittransportiert werden. Theseus gefährdet aus moderner Sicht den Erhalt der Art des Minotaurus, indem er das einzige Exemplar töten möchte.
3. Bei Ovid raubt Theseus nach dem Sieg über den Minotaurus die Königstochter Ariadne und setzt sie rücksichtslos auf der Insel Naxos bzw. Dia aus. Da Theseus bei Scherm sehr negativ dargestellt wird, ist zu vermuten, dass er nach einem möglichen Sieg über den Minotaurus, den er trotz der Bitten seiner Geliebten nicht verschonen möchte, die hilfsbereite Ariadne ebenfalls aussetzt. Dies könnte gemäß der parodistischen Variation des Mythos auf eine witzige Art erfolgen.

Station 6

I Vorerschließung

1. Das Gift könnte vielleicht von Hades stammen, der es mischen hat lassen.
2. Aigeus erkennt seinen Sohn nicht. Er hält ihn vielleicht für einen Eindringling. Außerdem steht er unter dem negativen Einfluss der Hexe Medea.

II Wortschatzübung

1. *familia* = Familie; *proles* = Nachkommenschaft; *filius/natus* =Sohn; *filia/nata* = Tochter; *gens* = Sippe; *pater* = Vater; *mater* = Mutter; *amita* = Tante; *avunculus* = Onkel; *avus* = Großvater; *avia* = Großmutter; *nepos* = Neffe; *soror* = Schwester; *frater* = Bruder.
2. *spuma albens* (f) = weißer Geifer – *dens, dentis* (m) = Zahn – *oculus, -i* (m) = Auge – *canis,-is* (m) = Hund – *adamante nexae catenae* (f) = durch Stahl verbundene Ketten – *terni latratus* (m) = dreifaches Gebell

III Grammatik

1. a) AcI bei memorant: Subjekt: illud (V. 408) – Infinitiv: ortum esse (V. 408f.).
   AcI bei putant: Subjekt: has (V. 416); Infinitiv 1: concresse (V. 416), Infinitiv 2: cepisse (V. 417)
   b) illud: aconiton; has: spumas.
2. Qui (V. 405) → Theseus (V. 404) – quod (V. 406) → aconitum (V. 407) – per quam (V. 410) → via (V. 410) – qui (V. 413) → Cerberon (V. 413) – quae (V. 418) → aconita (V. 419).

IV Leseverstehen

1.

Lateinische Umschreibung	Deutsche Übersetzung	Konkretisierung
Scythica ora (V. 407)	***die Küste Scythiens***	***Kolchis am Schwarzen Meer (Herkunft der Medea)***
Echidnaea canis (V. 408 / 409)	***der Hund der Echidna***	***Zerberus***
Tirynthius heros (V. 410)	***der Held aus Tiryns***	***Herkules***
coniunx (V. 419)	***die Gattin***	***Medea***

2. Damit ist die Meerenge von Korinth gemeint. Dort hat Theseus den Wegelagerer Sinis besiegt, der auch der Fichtenbeuger genannt worden ist. Er hat mit seiner nahezu übermenschlichen Stärke Fichten umgebogen und vorbeiziehende Reisende damit über Steilklippen ins Meer gestoßen, sodass sie ertranken.

V Übersetzung

(von Prof. Dr. Markus Janka:)

Schon war auch Theseus da, ein Spross, den nicht kannte sein Vater,
der mit seinem heldischen Tun den Doppelmeer-Isthmos befriedet.
Für dessen Tötung vermengt nun Medea, was einstmals sie alles
mitgebracht hatte an Eisenhutgift aus Scythiens Landen.
Dieses sei, so erzählt man aus Echidnabrut, aus Hundezähnen entstanden.
Es gibt eine Höhle mit finsterem Urschlund,
gibt einen steilen Weg, auf dem der tirynthische Halbgott
ihn, der sich wehrte und gegen den Tag und das Funkeln der Helle
seine Augen verdrehte, an mächtigen stählernen Ketten
Zerberus weggezerrt, der erregt in schnaubendem Wüten
dort den Luftraum beschallt mit dreifach ertönendem Bellen
und die grünenden Felder mit weißlichem Geifer besprengt;
dieser sei fest geworden, erlangte die Nahrung des reichen,
fruchtbaren Bodens und zog die schädlichen Kräfte zusammen.
Weil diese Pflanze wächst und gedeiht an der Härte des Felsens,
nennen die Bauern sie Felskraut. Das hat durch Gattinnentücke
selber der Vater Aigeus dem Sohn gereicht voller Feindschaft.

Janka, Markus, in: Ovid zum Vergnügen, Reclam 2017, S. 108f.

VI Interpretation

1. Medea könnte fürchten, dass Theseus als Thronfolger des Aigeus sie nicht als seine Stiefmutter akzeptiert und sie deshalb vertreibt. Ovid stellt sie als hinterlistige Giftmischerin dar (V 419: *aconita … coniugis astu*). Dadurch wertet er aus archaischer Perspektive eine starke Frau ab.
2. Der vorliegende Textauszug ist eine Aitiologie, weil darin die Entstehung des giftigen Eisenhutkrauts beschrieben wird. Dieses wird mit einem Monster der Unterwelt in Verbindung gebracht und damit dämonisiert.

VII Handlungs- und produktionsorientierte Aufgaben

1. Der Name stammt aus dem Lateinischen: *Aconitum napellus* (blauer Eisenhut). Er kommt u. a. als Medizin bei Nervenschmerzen, Herzproblemen und Entzündungen zum Einsatz. Die Pflanze wird in geringer Dosis eingesetzt und gilt als sehr giftig.

2. Mögliche Gedanken des Aigeus: „Oh Schreck, der Fremdling ist mein zurückgelassener Sohn Theseus! Nein, er darf nicht sterben! Diese falsche Hexe hat mich hereingelegt. Wenn er zu Tode kommt, dann werde ich mir das nie verzeihen können. Was bin ich nur für ein miserabler Vater! Das soll mir diese Giftmischerin Medea büßen!"

3. individuelle Lösung

VIII Ovid als Schlüssel zum Verständnis von zeitlosen kulturellen Symbolen: Wenn plötzlich die frustrierte Frau des Höllenhundes auftaucht …

1. Cerberus wird bei Ovid als ein wild schnaubendes, bellendes und dreiköpfiges Ungeheuer mit fletschenden Zähnen geschildert. Krausser visualisiert seine weibliche Variante des Cerberus als rotäugig und dicklich. Wie ihr Ehemann hat die Höllenhündin drei Köpfe und bewacht die Unterwelt, die in der Moderne keine toten Seelen und Fabelwesen mehr beherbergt. Krausser hält sich bei seiner Darstellung eng an Ovids Vorlage, jedoch ist die weibliche Cerbera eine Parodie des antiken Cerberus: Aufgrund ihres ungefährlichen Äußeren und ihrer sinnlosen Aufgabe, eine leere Unterwelt zu hüten, möchte Krausser den Leser belustigen, indem er die antiken Merkmale des gefährlichen Unterwelts- und Wachhundes auflöst.
2. Bei dem tirynthischen Halbgott handelt es sich um den Zeussohn Herkules. Dieser ist nach dem Tod seiner Frau und seiner Kinder in den Dienst des verweichlichten und hinterlistigen Königs Eurystheus getreten und hatte für diesen zwölf übermenschlich schwere Arbeiten zu verrichten. Bei der letzten musste Herkules in die Unterwelt hinabsteigen. Er zerrte an einer Kette Cerberus, den Höllenhund und Wächter über die Toten, ans Tageslicht. Als Eurystheus diesen erblickte, versteckte er sich starr vor Angst in einer Amphore. Daraufhin war Herkules von seinem Dienst erlöst. Scythien liegt im heutigen Südrussland und der Ukraine. Der Isthmos von Korinth ist eine Meerenge in Griechenland. Die Stadt Korinth liegt sowohl am ionischen wie am ägäischen Meer.
3. Bei Echidna handelt es sich um die Urmutter vieler Ungeheuer; dazu zählen u.a. der Höllenhund Cerberus, die Sphinx und der Nemeische Löwe. Echidna selbst ist nach Hesiod ein Mischwesen aus Mensch und Schlange. Die Medusa ist eine Frau mit Schlangenhaaren, die alle Männer durch ihren Anblick in Stein verwandelt. Die Sphinx, die einst dem König Ödipus die berühmte Rätselfrage gestellt hat, ist ein Mischwesen aus Frau und Löwe. Die Harpyien, die den blinden König Phineus mit ekelerregendem Unrat besudeln, werden von dem Helden Jason zusammen mit seinen Gefährten, den Argonauten, vertrieben. Sie sind eine Kreuzung aus Frau und Vogel. Der Kentaur ist ein Fabelwesen aus Mensch (Oberkörper) und Pferd (Unterleib). Der bekannteste unter ihnen ist Chiron, der als Mentor viele bedeutende Helden, wie z. B. Achilles und Jason, erzogen haben soll. Ein Basilisk ist eine Mischung aus Hahn und Schlange mit giftigem Atem. Er entsteht laut dem Schriftsteller Plinius, wenn man eine Kröte ein Hühnerei ausbrüten lässt.

Station 7

1. Bild 1: Station 4 (Perseus und Medusa): Perseus hält auf dem Fresko das abgeschlagene Medusenhaupt in der Hand.
   Bild 2: Station 5 (Theseus und Minotaurus): Auf der schwarzfigurigen Darstellung kämpft Theseus mit dem Minotaurus im Labyrinth auf Kreta.
   Bild 3: Station 6 (Herkules und Zerberus): Die Marmorstatue stellt Herkules dar, der Zerberus mit Gewalt an die Oberwelt zieht.
   Bild 4: Station 3 (Phaethon und der Sonnenwagen): Auf dem barocken Deckengemälde ist der Sturz des Phaethon dargestellt. Zugleich sieht man die Pferde, die sich nicht mehr bändigen lassen.
   Bild 5: Station 1 (Apollo und Daphne): Die Marmorstatue von Bernini aus der Villa Borghese in Rom stellt dar, wie Apollo Daphne einholt und sich diese gerade in einen Lorbeer verwandelt.
   Bild 6: Station 2 (Orpheus und Eurydike): Das Gemälde stellt Orpheus (ganz rechts) dar, der vorangeht. Eurydike wird von dem Seelenbegleiter Hermes, der als Olympier hier einen Lorbeerkranz trägt, zu Orpheus geführt. Orpheus möchte die geisterhafte Gestalt an die Oberwelt führen, ohne sich umzudrehen.

Aufgaben 2–4: Individuallösungen

Station 8

I Vorerschließung

1. Da die Nymphen, also göttliche Wesen, persönlich Arachne beim Weben zusehen, ist sie der festen Überzeugung, die beste Weberin zu sein.
2. Minerva möchte in Gestalt einer alten Frau Arachne eine letzte Chance geben, ihren Hochmut gegenüber der Göttin zu widerrufen.

II Wortschatzübung

1. *guttur, -uris* (n) = Kehle; *comae, -arum* (f) = Haare; *nares, -ium* (f) = Nase; *auris, -is* (f) = Ohr; *caput, -itis* (n) = Kopf; *corpus, -oris* (n) = Körper; *latus, -eris* (n) = Seite; *digitus,-i* (m) = Finger; *crus, -ris* (n) = Bein; *venter, -tris* (m) = Bauch.

2. *caput minimum* (n) = sehr kleiner Kopf / (hier:) Spinnenkopf – *exilis digitus* (m) = dünner Finger / (hier:) Spinnenbein – *stamen, -minis* (n) = Faden – *aranea, -ae* (f) = Spinne – *tela, -ae* (f) = Gewebe

III Grammatik

1. a) *Pendentem Pallas miserata levavit atque ita … dixit* (135f.)
   pendentem → *pendere* = hängen; eine hängende Person
   miserata → *miserari* = bemitleiden; eine bemitleidende Person
   b) *Post ea discedens sucis … sparsit, et extemplo tristi medicamine tactae defluxere comae* (139–141)
   discedens → *discedere* = weggehen; eine weggehende Person
   tactae → *tangere* = berühren; berührte [Haare]
2. Imperative gesucht!
   a) *vive* → *vivere* = leben; *pende* → *pendere* = hängen; *esto* → *esse* = sein
   b) *tenere: tene, tenete; levare: leva, levate; remittere: remitte, remittite.*

IV Leseverstehen

1. Mit *caelestia crimina* sind die „göttlichen Verbrechen", also die Verbrechen der Götter gegen die Menschen, gemeint. Als Beispiele sind u. a. die harte Bestrafung des Prometheus oder die des Tantalus durch Zeus zu nennen. Während ersterer aufgrund des Diebstahls des Feuers an einen Felsen geschmiedet wurde und von einem Adler gequält wurde, musste letzterer aufgrund der Preisgabe der Geheimnisse der Götter ewig Hunger und Durst leiden. In erster Linie sind hier göttliche Vergehen gegen Sitte und Anstand wie die durch Liebeslust motivierte Entführung der Europa durch Zeus oder die listige Verführung der Danae, der Mutter des Perseus, gemeint.
2. *Livor* (V. 129) = die Göttin / Personifikation des Neides, *Cytoriaco monte* (V. 132) = vom Berg Kytoros, *Idmoniae Arachnes* (V. 133) = der Arachne als Tochter des Idmon und *sucis herbae Hecateidos* (V. 139) = mit Säften des Krauts der Zaubergöttin Hekate

V Übersetzung

(von Dr. Stierstorfer:)
Jenes Werk könnte weder Pallas Athene noch der Neid kritisieren:
Die blonde Jungfrau trauerte wegen des Erfolgs
und sie zerriss den bemalten Stoff, die Verbrechen der Götter,
und sobald sie das Weberschiffchen vom Berg Kytoros hielt,
schlug sie drei bis viermal auf die Stirn der Arachne, der Tochter Idmons.
Die Unglückliche ertrug dies nicht und band die stolze Kehle mit einem Strick fest.
Pallas Athene, die Mitleid hatte, hob sie hoch
und sprach so: „Lebe zwar, aber hänge, du Freche,
und dasselbe Gesetz der Strafe – damit du nicht unbekümmert über die Zukunft bist –
soll für dein Geschlecht und deine später nachfolgenden Enkel ausgesprochen sein!"
Nach diesen Worten ging sie weg und spritzte mit dem Zaubertrank aus dem Kraut der Hekate,
und sogleich verschwanden die mit dem Unheil bringenden Saft in Berührung gekommenen Haare
und mit diesen sowohl die Nase als auch die Ohren,
und der Kopf wird sehr klein, und klein ist sie auch an ihrem ganzen Körper.
An der Seite hängen dünne Beinchen statt der Oberschenkel,
das Übrige nimmt der Bauch ein, aus dem jene dennoch den Faden hervorbringt,
und als Spinne beschäftigt sie sich wie früher mit Weben.

VI Interpretation

1. Athene wird von Ovid als neidisch (V. 129: *Livor*), gewalttätig (V. 133: *Idmoniae frontem percussit Arachnes*) und hexenhaft (V. 139–140: *sucis Hecateidos herbae sparsit*) beschrieben. Ovid zeichnet ein eher negatives Bild von ihr.
2. Da Arachne eine eifrige Weberin war, passt eine Spinne für ihre Metamorphose gut. So kann sie ihr Handwerk auf einer anderen Ebene fortführen. Die Metamorphose ist als „Gnade" anzusehen, weil sie Arachne vor dem Tod bewahrt. Sie war ja eigentlich im Begriff, sich zu erhängen.
3. Auch Arachnes Nachkommen werden durch den Fluch der Minerva als Spinnen leben. Somit werden sie für Arachnes Vergehen indirekt mitbestraft. Der Mythos liefert auf diese Weise eine Aitiologie für die Entstehung des Insekts der Spinne.

VII Handlungs- und produktionsorientierte Aufgaben

1.

2. Arachne hat sich keinesfalls der Gotteslästerung strafbar gemacht. Sie hat einfach nur ihr Können verteidigt. Als bekannte Meisterin der Webkunst muss sie sich auch einer Göttin nicht unterordnen, wenn sie tatsächlich besser als eine solche webt. In einer griechischen Demokratie muss Meinungsfreiheit gelten. Arachne darf als eine griechische Bürgerin sagen, was sie möchte. Daher muss Athene ihren göttlichen Zorn mäßigen.

VIII Ovid als Schlüssel zum Verständnis von zeitlosen kulturellen Symbolen: Wenn die hochmütige Spinnerin webt, dass sich Zeus mit dem Blitz selbst in den Fuß schießt…

1. Durch den Satz „Indem du meine Eltern verspottet hast, hast du dich selbst dazu verdammt, bis in alle Ewigkeit triste, farblose Fäden zu spinnen!" wird klar, dass der Arachne-Mythos als Motiv für die Bestrafung von Hochmut (Hybris) steht.
2. Gemeinsamkeiten: Nach einem Wettstreit im Weben verwandelt Athene die hochmütige Arachne in eine Spinne. Die Beschreibung der Verwandlung ähnelt derjenigen bei Ovid.
   Unterschiede: Arachne webt in ihren Teppich keine sexuellen Eskapaden des Zeus, sondern wie dieser sich mit dem Blitz ins Bein schießt. → Anpassung an die Kinderliteratur; zusätzliche Anspielung auf Metis, die Mutter der Athene, im Teppich der Arachne → Schmähung der Mutter
3. Die moderne Version wirkt lustig, weil Arachne Zeus als Witzfigur darstellt. Zeus schießt sich als oberster Olympier selbst in den Fuß: Durch diesen Slapstick wird er auf humorvolle Weise in Arachnes Gewebe entmachtet. Es handelt sich daher um eine Parodie.

Additum: Praxisbericht zur Erprobung des Lernzirkels in einer 10. Jahrgangsstufe

Der Lernzirkel wurde in einer zehnten Klasse des Privat-Gymnasiums Pindl (Regensburg) im Anschluss an die Lektüresequenz der Metamorphosen erprobt. Bei dieser Durchführung wurde neben der Übersetzungsarbeit (Aufgabe V einer jeden Station des Lernzirkels) der Vergleich mit den Rezeptionsdokumenten fokussiert (Aufgabe VIII einer jeden Station des Lernzirkels). Die anderen Aufgaben wurden aus Zeitgründen marginalisiert. Dafür wurden fünf Schulstunden in Anspruch genommen. Am Anfang hat die Lehrkraft die Inhalte der wichtigsten Mythen aus den *Metamorphosen* nochmals wiederholt und im Anschluss daran die Klasse, die aus 20 Schülern bestand, in den Inhalt der fünf Rezeptionsdokumente, die sich im Lernzirkel finden, 45 Minuten lang eingeführt.
Danach wurde die Klasse in 5 Vierergruppen unterteilt und jede Lerngruppe durfte sich eine der 5 Stationen – je nach Interesse – aussuchen. Nach einer 90-minütigen Übersetzungsarbeit der lateinischen Originalstellen mithilfe von Vokabel- und Konstruktionsangaben hatten die Schüler wiederum 90 Minuten Zeit, die analytischen bzw. komparatistischen Aufgaben zu den Rezeptionstexten zu bearbeiten. Dazu konnten die Lernenden nicht nur die von der Lehrkraft im Vorfeld bereit gestellten Mythenlexika zu Hilfe nehmen, sondern auch nochmals Passagen in den jeweiligen im Lernzirkel thematisierten Rezeptionsdokumenten nachlesen, die zusammen mit den Lexika auf einem „Recherchetisch" gebündelt hinterlegt waren.

Um im Sinne eines intermedialen Unterrichts auch Hörspiel und Film mit einzubeziehen, kann die Lehrkraft die Textstellen der Rezeptionsdokumente aus Station 3 (Perseus und Medusa) durch eine Filmszene aus *Percy Jackson – Diebe im Olymp* und die Passage aus Station 5 (Orpheus und Eurydike) durch einen kurzen Hörbuchausschnitt ersetzen. Dies erfordert jedoch zusätzlichen Organisationsaufwand. So muss den beiden Gruppen zum Bearbeiten der genannten Stationen ein Laptop zum Betrachten der Filmszene[1] bzw. ein CD-Player zum Abspielen des Hörbuchs[2] oder als Alternative ein interaktives Whiteboard zur Verfügung stehen. Dabei ist darauf zu achten, dass der Ton auf Zimmerlautstärke beschränkt bleibt, um die anderen Arbeitsgruppen nicht zu behindern.

Die Lehrkraft ging im Rahmen der produktiven Gruppenphase in der Rolle des Beraters zu den Schülern und leistete ggf. Hilfestellung. Somit konnte sie auch Fehler berichtigen, damit diese später nicht auf dem von jeder Gruppe auszugestaltenden Plakat erschienen. Am Ende stellte jede der fünf Gruppen ihr Plakat zu der jeweiligen Station zur Sicherung im Plenum vor. Die Lehrkraft ergänzte dabei mündlich fehlende Informationen, die die Gruppen dann auf ihrem Plakat noch hinzufügen sollten. Die Plakate wurden von den Schülern nicht nur mit im Vorfeld bereit gestellten Bildern von Covern der Rezeptionsdokumente und Abbildungen von antiken Darstellungen mythologischer Sujets als Kontrast zur modernen Populärkultur verziert, sondern auch mit oppositionell angeordneten Informationen zu Ovids Werk im Spannungsfeld zum Rezeptionsdokument versehen. Am Ende stand jeweils ein kurzes Fazit über die Umgangsweise im Rezeptionsdokument mit den *Metamorphosen* und die Plakate wurden im Klassenzimmer ausgestellt. Insgesamt erkannten die Schüler, dass die postmodernen Autoren Ovids Werk zumeist variieren, parodieren oder weitererzählen und dadurch nach dem Vorbild Ovids einen ironisch-eklektischen und spielerischen Umgang mit mythologischen Elementen etablieren. Die Differenzierungsstation wurde den Schülern als Hausaufgabe aufgegeben und in der nächsten Stunde durften Schüler ihre produktionsorientierten Texte bzw. Bilder vorstellen. Bei der Evaluation des Lernzirkels mithilfe eines offenen Fragebogens gaben über 85% der Schüler

1 Vgl. Percy Jackson – Diebe im Olymp (Chris Columbus, 2010): 00:48:02–00:53:29.

2 Vgl. Jack Perdu und das Reich der Schatten (gelesen von Sascha Icks, 2008, Titel 02, 00:00–05:06).

an, dass sie ihrer Ansicht nach durch die Rezeptionsdokumente einen besseren Zugang zu Ovids Werk erhalten haben. Über 70% waren beeindruckt, dass die existenziellen Lebensfragen der Menschen auch nach ca. 2000 Jahren noch nahezu dieselben sind.

Fazit

Summa summarum lässt sich beim Umgang mit Rezeptionsdokumenten im Lateinunterricht konstatieren, dass postmoderne Adaptionen antiker Mythen für Heranwachsende zwar häufig mit Standardversionen brechen, jedoch zur Motivation und Vorabinformation für die Beschäftigung mit mythologischen Stoffen im Lateinunterricht bestens nutzbar sind und im Interesse der Schülerschaft auch so eingesetzt werden sollten. Gerade die Transformationen dieser antiken Stoffe in postmoderne Szenarien, die nahe an der Schülerwelt sind, bieten viel Potenzial für einen komparatistischen Ansatz im Lateinunterricht, um die Rezeptionsdokumente als Vehikel für ein tieferes Verständnis der oft für Schüler sperrigen Originaltexte zu nutzen.

Bibliographie

Janka, Markus und Michael Stierstorfer (2017) (Hgg.). Verjüngte Antike im Mediendialog. Transformationen griechisch-römischer Mythologie und Historie in zeitgenössischen Kinder- und Jugendmedien. Heidelberg: Winter, 392 S.

Janka, Markus (2017). Ovid zum Vergnügen. Stuttgart: Reclam.

Ovidius Naso, Publius. Metamorphosen. Lateinisch/Deutsch. Übersetzt und herausgegeben von Michael von Albrecht, Stuttgart: Reclam 1994/2003.

Stierstorfer, Michael (2014). Antike Mythologie in der gegenwärtigen Alltagskultur (Kinder- und Jugendliteratur, Belletristik und Film). Das griechisch-römische Sagengut als Fundus von prototypischen Einzelelementen und Motiven für die aktuelle Fantasy und Phantastik. In: Pegasus-Onlinezeitschrift Heft 1, S. 167–196.

Stierstorfer, Michael. Griechisch-römische Mythen als Fundus des Fantastischen. Die Transformation des antiken Monomythos zum leistungsethischen Heldenbild in der postmodernen Kinder- und Jugendliteratur und im Film. In: Interjuli, Heft 1 (2015), 23–44.

Stierstorfer, Michael (2017). Antike Mythologie in der Kinder- und Jugendliteratur der Gegenwart. Unsterbliche Götter- und Heldengeschichten? Frankfurt a. M.: Peter Lang, 472 S.

Stierstorfer, Michael (2017). „Percy Jackson" und die griechisch-römische Mythologie im Latein- und Deutschunterricht. Kritische Bemerkungen zur Didaktisierung mythologischen Wissens in der aktuellen Fantasy- und Phantastik-Literatur sowie im Film, München: Grin, 36 S.

Stierstorfer, Michael (2017). Latein und die Präsenz der Antike in der postmodernen Alltagskultur. In: Janka, Markus (Hg.): Latein-Didaktik. Praxishandbuch für die Sekundarstufe I und II, Berlin: Cornelsen, S. 203–221.

Stierstorfer, Michael, Markus Janka und Martin Hofschuster (2017). Aktuelle Jugendliteratur und Ovid? Ein praxisorientierter Lernzirkel im Spannungsfeld zwischen Antike und Postmoderne. In: Der Altsprachliche Unterricht 1: Antike in der Jugendliteratur, digitale Beilage, ca. 15 Seiten Umfang.

Stierstorfer, Michael (2017). Die kuriosen Metamorphosen von Ovids Arachne-Mythos in der aktuellen Kinder- und Jugendliteratur und deren Potenzial für den Latein- und Deutschunterricht. In: Kussl, Rolf (Hg.): 2000 Jahre Ovid. Dialog Schule Wissenschaft des KM – Klassische Sprachen und Literaturen, Ebelsbach bei Schweinfurt: Aktiv Druck 2017, 184–203.

Stierstorfer, Michael (2019). Antike Mythen in der Kinder- und Jugendliteratur der Gegenwart. In: Forum Classicum. Zeitschrift für die Fächer Latein und Griechisch an Schulen und Universitäten, Heft 2, 96–104.

Stierstorfer, Michael (2019). Brot und Spiele im futuristischen Nordamerika – ‚Die Tribute von Panem' als Motivator für den Lateinunterricht. In: Forum Classicum, Heft 4, 247–252.

Stierstorfer, Michael und Markus Janka (2020). *Semibovemque virum semivirumque bovem* – Mythological Hybrid Creatures as Fairy Tale Key Actors in Ovid's *Metamorphoses* and in the Postmodern Fantasy Literature for Children and Young Adults. In: Marcinak, Katarzyna (Hg.): Chasing mythical beasts. The Reception of Ancient Monsters in Children's and Young Adults' Culture. Heidelberg: Winter 2020, 121–140.

Stierstorfer, Michael (2020). Kinder- und Jugendliteratur im Kontext des altsprachlichen Unterrichts. In: Kipf, Stefan und Markus Schauer (Hg.): Handbuch zum altsprachlichen Unterricht, Paderborn: UTB. Im Druck. Umfang ca. 10 Seiten.

Stierstorfer, Michael und Markus Janka (2020). Metamorphoses of mythological education. Ovid and his *Metamorphoses* as subjects of higher education. In: Maurice, Lisa (Hg.): Ancient myth and education, Brill: Leiden. Im Druck, ca. 20 Seiten.

Stierstorfer, Michael und Markus Janka. (Proto-)phantastische Techniken komplexen Erzählens und Visualisierens in Ovids Metamorphosen und in aktuellen Kinoblockbustern. In: Zeitschrift für Fantastikforschung, Heft 2 (2020), S. 1–31. Online abrufbar.

Stierstorfer, Michael. Rezension zum Film „Percy Jackson. Diebe im Olymp". Online abrufbar in dem Internetportal Kinderundjugendmedien.

Stierstorfer, Michael. Rezension zum Roman „Percy Jackson. Auf Monsterjagd mit den Geschwistern Kane" (Rick Riordan). Online abrufbar in dem Internetportal Kinderundjugendmedien.